Ideen

zu einer

staatswirthschaftlichen Statistik

von

Leopold Krug

Königl. Preuß. Kriegsrath und Mitglied des statistischen Bureaus

Berlin 1807
im Verlage der Realschulbuchhandlung

zeigen könnte, daß und wozu das von ihnen so oft als unnöthige Arbeit betrachtete Tabellenwesen gebraucht werden kann, und daß der in der statistischen Rechnungskunst Erfahrne manches Mittel besitzt, die Wahrheit oder Wahrscheinlichkeit vieler Angaben von einem Distrikte zu prüfen, von welchem durch verschiedene Quellen sich zu belehren er Gelegenheit hat.

Daß manche in meinen Berechnungen vorkommende Notizen in manchem Staate schwer herbeizuschaffen, oder doch wenigstens mit irgend einem Grade von Glaubwürdigkeit schwer zu erhalten seyn werden, weiß ich recht wohl; aber die Ursache dieser Schwierigkeiten liegt nicht in der Wissenschaft, sondern in der Verfassung einzelner Provinzen und Staaten, im Mangel an Aufmerksamkeit von Seiten einzelner Behörden, oder im Mangel an wissenschaftlicher Bildung der Offizianten; und alle diese Mängel können abgestellt werden, wenn es die Regierung ernstlich will.

Daß eine solche Statistik von einem Lande oder einer Provinz eine Vermessung des ganzen Terrains voraussetzt, versteht sich von selbst; aber wie viele Länder und Provinzen giebt es nicht, bei welchen dieses erste Erforderniß aller berechnenden Statistik fehlt! Man scheuet gewöhnlich die Kosten, welche diese Arbeit verursacht; aber es kann keine Grundsteuer nach richtigen Verhältnissen angelegt werden, wenn sie fehlt; es kann keine Naturallieferung nach richtigen Grundsätzen ausgeschrieben werden, wenn sie fehlt; und die höhere Landespolizei wird unendliche Mißgriffe thun, bei ihren Befehlen und Verboten, welche sich auf Produkzion und Gewerbe beziehen, wenn sie noch nicht geschehen ist. Vermessung des Landes nach richtigen, gleichartigen Grundsätzen und Bestimmungen ist also ein eben so nothwendiges Erforderniß, als Justiz- und Hypothekenverfassung.

Ich kleidete meine Ideen in die Form einer Statistik eines wirklich existirenden Landes ein, um ihnen für den Gebrauch mehr Deutlichkeit zu verschaffen, und unnöthige Wiederholungen und Beispielsanführungen zu vermeiden; auch habe ich, um ihnen mehr praktischen Werth zu geben, überall, wo es nur irgend möglich war, Verhältnisse angenommen und Durchschnittssätze

Vorbericht.

Ich übergebe hier dem Publikum eine kleine Schrift, zu welcher die Materialien seit der Errichtung des statistischen Bureaus für den preußischen Staat von mir gesammelt worden sind, und ich glaube den Liebhabern der Statistik, der Nazionalökonomie und der Staatswirthschaft durch den Druck dieser Sammlung einigen Dienst zu erweisen.

Es wurde mir bei dem von meinem Könige mir übertragenen Amte, als Mitglied des statistischen Bureaus, um so mehr Pflicht, meine Untersuchungen über die Statistik, als eine noch großer intensiver Erweiterungen fähige Wissenschaft, ernstlich fortzusetzen, und ich hatte die Absicht, mir nach und nach ein Ideal zu entwerfen, das, wenn auch nicht ganz erreicht, dennoch immer mit den zu Gebot stehenden Mitteln verfolgt werden könnte. Ich habe bei den zum Druck bestimmten Sammlungen manchen Plan zurückgelegt, weil ich aus eigner Erfahrung bei dessen Ausführung zu viele Schwierigkeiten fand, und weil ich nicht gern denjenigen, der diese Schrift zu praktischen Arbeiten gebrauchen will, irre führen und glauben machen wollte, daß dergleichen Plane in der Wirklichkeit schon ausgeführt worden wären.

Ich würde einen Hauptzweck bei dem Drucke dieser Ideen erreichen, wenn ich durch die Bekanntmachung derselben denjenigen Staatsoffizianten, welche bei der Zusammentragung der Materialien für die Statistik gebraucht werden, zum Grunde gelegt, welche ich durch eigne Erfahrung und Zusammenstellung mehrerer statistischen Notizen erhalten, oder bei bewährten Schriftstellern gefunden hatte. Eben deswegen können diese Ideen dazu dienen, statistische Sammler auf die Aechtheit mancher von ihnen gesammelten oder selbst aufgesuchten Notizen und zusammengesetzten Tabellen aufmerksam zu machen, wenn sie in ihren innern Verhältnissen von den hier gelieferten Tabellen in Absicht des Materiellen beträchtlich abweichen.

Um nicht die Berechnungen zu häufen und die schon vorgetragenen Gegenstände zu wiederholen, habe ich, vorzüglich in dem fünften Kapitel, bei der speziellen Statistik, mich so kurz als möglich gefaßt, und bin nur bei der Statistik einer Stadt mehr ins Einzelne gegangen; indem ich es für ein nöthiges Bedürfniß hielt, Personen, welche Gelegenheit haben von ihrer Vaterstadt, oder von der Stadt, die sie bewohnen, genaue Notizen zu sammeln, auf die Gegenstände im Zusammenhange aufmerksam zu machen, welche sie erforschen und sammeln müssen. Die ganze Schrift hätte zwar auf diese Art zusammengestellt werden, und ich hätte in allen Gegenständen vom Einzelnen auf das Allgemeine übergehen können; aber das Publikum hätte dann ein doppelt so starkes Buch mit nicht mehr Realinhalt bekommen, indem ich, um alle Rubriken in der allgemeinen für die höhere Staatsverwaltung brauchbaren Uebersicht zusammenzubringen, eine große Zahl von speziellen Beschreibungen hätte liefern müssen. Um dies zu vermeiden, schickte ich die allgemeine Uebersicht voraus, und überlasse es dem, der diese Schrift gebraucht, die speziellen Untersuchungen und Beschreibungen so einzurichten, daß die dort gelieferten generellen Nachweisungen aus ihnen zusammengesetzt werden können.

Ich habe die Schrift Ideen zu einer staatswirthschaftlichen Statistik genannt, um des Zwecks willen, den die statistische Beschreibung einer Provinz oder eines Staates auf diese Art haben kann; nehmlich der Regierung die möglich genaueste Kenntniß von den Verhältnissen des zu verwaltenden Staates zu ihrem Gebrauch zu verschaffen. Man sieht jetzt viele statistische Beschreibungen von Staaten, Ländern, Distrikten und Städten, und es werden eigne Lehrbücher der Statistik geschrieben, in welchen der Staat oder dessen einzelne Theile in keiner Beziehung auf die hier angewendete Art behandelt sind. Man wird dergleichen Schriften und Lehrbüchern zwar nicht den Namen Statistik, oder den Beinamen statistisch ganz absprechen können; aber eben diese so äußerst verschiedene Bearbeitung der Wissenschaft, dieses schwankende, mehr erzählende als darstellende Verfahren, bringt uns in der Wissenschaft, theoretisch betrachtet, nicht weiter; indessen haben die verschiedenen Beschreibungen und Lehrbücher auch verschiedene Zwecke, und für Schulen und Universitäten wird die Statistik eines Staats nach dem in dieser Schrift vorgezeichneten Plane, in historischer Hinsicht weit weniger Werth haben, als in philosophischer Hinsicht, und in Beziehung auf die Formen, nach welchen der künftige Staatswirth seine Untersuchungen anzustellen hat.

Die statistischen Sammler und die Bearbeiter der Statistik sollten billig den Zweck bei ihren dem Publikum zu übergebenden Arbeiten strenger im Gesicht behalten, und in ihren wissenschaftlichen Sammlungen lieber die Rubriken offen lassen, welche sie nur mit unbestimmten Angaben ausfüllen können, die gar keinen statistischen Werth haben. So findet man in vielen systematisch geordneten statistischen Lehrbüchern unbestimmte Angaben über diese oder jene Verhältnisse, die ganz unbrauchbar sind, wenn sie nicht bestimmt ausgedrückt werden können; z. B. in diesem Lande ist starker Obstbau, gute Viehzucht ꝛc. Dergleichen Notizen haben keinen statistisch-wissenschaftlichen Werth, und man läßt sich solche Angaben wohl in Reisebeschreibungen gefallen. — Wenn der Statistiker nicht im Stande ist, bestimmte Angaben, die sich auf das Ganze erstrecken, beizubringen, so helfe er sich vor der Hand mit speziellen Angaben; z. B. da oder dort zieht mancher Bauer aus seinem Obstgarten jährlich 200 Rthlr. reinen Gewinn; dort werden häufig Ochsen von 800 Pfund und drüber verkauft; eine Kuh wird zu 12 Rthlr. verpachtet u. s. w.; aber freilich ist es bei der Beschreibung manches Staats und mancher Provinz für den Statistiker sehr schwierig, statistische Notizen zu erhalten, da die Regierung sie oft selbst nicht hat.

Es würde eine eitle Forderung seyn, wenn man von einem Statistiker verlangen wollte, daß er alle Staaten nach einem solchen Schema beschreiben und darstellen müsse; die mehresten Statistiker und statistischen Sammler sind nicht in der Lage, daß ihnen alle die Fragen beantwortet werden, welche sie aufzuwerfen für gut finden, und welche nach ihrer Ueberzeugung die Wissenschaft fördern würden; aber es muß doch wenigstens von einem jeden, der den Namen eines Statistikers verdienen will, gefordert werden, daß er die Rubriken der Wissenschaft kenne, und daß er es versuche, sie so viel als möglich, wenn auch nur durch einzelne Angaben, auszufüllen. Die statistischen Reisebeschreiber, reisende Landwirthe, Fabrikanten ꝛc. liefern oft von einem kleinen Terrain solche Notizen, welche dem Statistiker analoge Schlüsse auf das Ganze erlauben, und wir dürfen den Schriftsteller ja nicht tadeln, der es versucht, aus solchen einzelnen Bruchstücken ein Ganzes zusammenzusetzen, wenn er gewissenhaft die bewiesenen Fakta von seinen durch Berechnungen und Schlüsse herausgebrachten Resultaten trennt; denn was ist bis jetzt unsere Statistik von allen größern Staaten anders, als eine Sammlung von Bruchstücken? und die Wissenschaft der Statistik lehrt, aus diesen Bruchstücken mit möglichster Wahrscheinlichkeit ein Ganzes zusammenzusetzen.

Die Theorie der Statistik sollte überhaupt auf höhern Schulen und Universitäten mehr kultivirt werden, als es bis jetzt geschieht; die Ausfüllung der wissenschaftlichen Fächer ist nachher für den Geschäftsmann, in Hinsicht auf das Land in dem er lebt, aus seiner eignen Erfahrung und in Hinsicht auf andre Länder aus Schriften ein leichteres Geschäft, als die Nachholung des versäumten Studiums der Theorie, und die Erfahrung lehrt es täglich, daß alles andere eher getrieben wird, als dieses. Auch ist es für einen angehenden Geschäftsmann so sehr wichtig, die Gegenstände zu wissen, nach denen er vorzüglich zu fragen und von denen er hauptsächlich Erkundigungen einzuziehen hat; und der Mann von Erfahrung beurtheilt einen jungen Geschäftsmann oft weit richtiger aus der Art, wie dieser frägt, und aus den Gegenständen, nach welchen er frägt, als durch ein förmliches Examen.

Noch ist von keinem Staate und von keiner Provinz eine vollständige staatswirthschaftliche Statistik ins Publikum gekommen, und ich bin bewogen zu glauben, daß auch in keinem Landesarchive und in keiner Registratur eine solche existirt. Wenn das hier aufgestellte Schema den Anforderungen genügt, welche der Staatswirth und der Theoretiker an die Wissenschaft zu machen berechtigt sind, so wird mir es angenehm seyn; ich glaubte auch, daß ein solches Schema belehrender und interessanter seyn müsse, wenn seine Rubriken ausgefüllt sind. Daß ich bei dieser Arbeit die preußische Staatsverfassung und Verwaltung vor Augen hatte und sie zum Grunde legte, hat nicht nur darin seinen Grund, daß mir mein Vaterland am besten bekannt ist, sondern auch darin, daß in diesem Staate gewiß mehr als in vielen andern auf tabellarische Uebersichten der staatswirthschaftlichen Verhältnisse gehalten wird.

Wenn jemanden meine Berechnungsart in einem ganzen Lande einzuführen unausführbar scheint, so erinnere ich dagegen: daß bei einer wohl organisirten Staatsverwaltung das, was in einem einzelnen kleinen Distrikte ausführbar ist (und daß es dies sey, ist nicht zu leugnen), auch in ganzen Staaten ausführbar seyn muß. Es werden namentlich dergleichen Berechnungen und Angaben von einzelnen Grundbesitzern nicht so schwer zu erhalten seyn, als die Angaben zur Verfertigung der sogenannten Fabrikentabellen und Handelsbilanzen, und sie werden außerdem weit richtiger seyn können als jene, da sie der Kontrolle im Einzelnen ganz unterworfen sind, und da sie durchaus nicht so weit in die häuslichen Angelegenheiten und Verhältnisse der Staatsbürger eingreifen als jene; diese tabellarischen Nachrichten bedürfen nicht einer jährlichen Wiederholung, sondern nur einer stückweise fortschreitenden Vervollständigung und nöthigen Berichtigung; überdies kann der Offiziant, dem in einem Distrikte die Pflicht obliegt, diese Nachrichten zu sammeln und zu ordnen, für den größten Theil der aufzunehmenden Notizen sein Terrain in einer genauen Spezialkarte seines Distrikts vor Augen haben, und in einer schon kultivirten Provinz bedarf eine solche Karte nicht häufiger Veränderungen.

Ich habe bei den verschiedenen Verhältnissen und Beziehungen, in welchen die Provinz dargestellt wird, nicht ein Ideal einer Staatsverwaltung nach meinen Ideen, sondern ein Ideal der Statistik liefern wollen, und eben deswegen befinden sich in der Schrift viele Abschnitte, bei denen ich wohl den Wunsch äußern mögte: daß diese Verhältnisse anders wären; da ich aber eine vorhandene Verfassung zum Grunde legte und meinen Ideen durch die der wahren Lage der Dinge so nahe als möglich kommende Darstellung mehr Interesse für den Geschäftsmann geben wollte, als für ihn gewöhnlich rein-theoretische Systeme haben, so konnte ich nur auf einen Zweck, nehmlich auf statistische Darstellung aller einen statistischen Werth habenden Gegenstände in der Provinz, Rücksicht nehmen.

Die Statistik darf, als historische Wissenschaft, die Gegenstände nur darstellen, wie sie sind, und muß sich alles Urtheils über dieselben, oder aller Vorschläge, wie sie seyn sollten, enthalten; sonst greift sie in das Gebiet der Nazionalökonomie und Staatswirthschaft; aber sie muß eben dem Staatswirth und dem Nazionalökonomen vorarbeiten, und die in das Gebiet dieser Wissenschaften gehörenden Gegenstände von so vielen Seiten und auf so vielerlei Art darstellen, als es ihre Quellen erlauben, und da diese Quellen in vielen Ländern und bei vielen Gegenständen arm sind, so muß sie durch Kombinazionen oder Zusammenstellungen einzelner Notizen nach Wahrscheinlichkeitssätzen zu Resultaten zu kommen suchen, welche vielleicht bei dem Mangel an historischen Angaben anfänglich nur Hypothesen sind, deren Widerlegung oder Bestätigung aber den Staatsmann auffordern kann, der Wissenschaft mehr historische Data zu verschaffen, oder deren Betrachtung ihm doch einen Fingerzeig giebt, auf welche Gegenstände er vorzüglich seine Aufmerksamkeit zu wenden habe.

Bei dem Plane des Ganzen ist vorausgesetzt worden, daß in dieser Provinz die mittelbaren Untersassen zu ihren Grundherrschaften in den für erstere mildesten Verhältnissen stehen, so daß sie völlige Eigenthumsrechte besitzen und ihren Grundherrschaften nur zu bestimmten Diensten oder zu Dienstgeld verpflichtet sind. In einer Provinz, wo die Gerechtsame der Grundherrn weiter gehen, wird überhaupt eine Berechnung des Nazionalvermögens und Nazionaleinkommens, und vorzüglich der Vertheilung desselben unter die verschiedenen Klassen, weit schwieriger, und es ist ohnedem mit Wahrscheinlichkeit zu erwarten, daß mit der Zeit überall diese Verhältnisse gemildert werden. Eben so kommen in dieser Abhandlung Gemeinheitsgrundstücke gar nicht vor; sie sind, als einer zweckmäßigen Staatsadministrazion entgegen, nicht aufgenommen; auch machen sie bei statistischen Berechnungen unüberwindliche Schwierigkeiten in Hinsicht auf den absoluten Ertrag der ungetheilten Grundstücke und auf die muthmaßliche Vergrößerung dieses Ertrags nach geschehener Theilung.

Berlin,
im Oktober, 1806.

Der Verfasser.

Inhaltsanzeige.

Erstes Kapitel.

Grund und Boden.

Seite

1. Flächeninhalt und Vertheilung des Bodens unter 11 verschiedene Klassen von Grundbesitzern 1
2. Jährliche Aussaat, Ernte und Totalertrag zu Geld berechnet 6
3. Viehstand und dessen Totalertrag . 7
4. Nazionaleinkommen der ganzen Provinz von Grund und Boden . . . 9
5. Vertheilung desselben unter die 11 Theilnehmer 9
6. Größe und Ertrag des Viehstandes nach den 11 Klassen 13
7. Verhältnißberechnung des Totalertrags vom Ackerbau, von den Forsten und von den nutzbaren Gewässern 17
8. Kapitalwerth aller nutzbaren Grundstücke 18
9. Reiner Ertrag aller nutzbaren Grundstücke 22
10. Verhältniß des reinen Ertrags zum Totalertrage 23
11. Verhältniß des Viehstandes zu der Größe der nutzbaren Grundstücke . . . 24
12. Werth des landwirthschaftlichen Inventariums 24
13. Verhältniß des Viehstandes zu dem kultivirten Lande in Hinsicht auf dessen Bedüngung 28
14. Rindviehversicherungsgesellschaft . . 29
15. Hagelschadenversicherungsgesellschaft . 30

Zweites Kapitel.

Menschen.

1. Zahl derselben; männlich und weiblich . 31
2. Eintheilung derselben in drei verschiedene Klassen:
   - a) Produzirende Klasse 33
   - b) Industriöse Klasse 35
   - c) Besoldete Klasse 40
3. Zahl der Menschen nach dem Alter . 42
4. Zahl der getraueten Paare in den letzten 6 Jahren 43
5. Zahl der Gebohrenen in den letzten 6 Jahren:
   - a) nach dem Geschlecht . . . 44
   - b) außereheliche Geburten . . . 44
   - c) nach den einzelnen Monaten . . 45
   - d) Resultate 45
6. Zahl der Gestorbenen in den letzten 6 Jahren:
   - a) nach dem Geschlecht . . . 46
   - b) nach den verschiedenen Klassen . 46
   - c) Zunahme der Bevölkerung in den letzten 6 Jahren 47
   - d) Gestorbene nach den einzelnen Monaten 47
   - e) nach dem Alter 48
   - f) nach den verschiedenen Krankheiten und Todesarten 49
7. Zahl der geschiedenen Ehen . . . 50
8. Zahl aller in Verhaft befindlichen Personen 51

Drittes Kapitel.

Gebäude, Mobilien und deren Werth.

1. In den Städten 51
2. Auf dem Lande 52
3. Feuerlöschanstalten 53
4. Bau- und Bedachungsart der Gebäude 54
5. Taxe des Mobiliarvermögens . . 55

Viertes Kapitel.

Nazionalvermögen und Nazionaleinkommen.

1. Summe des Nazionalvermögens nach 7 Abtheilungen 56
2. Jährlicher Aufwand zur Erhaltung desselben 58
3. Berechnungsart und Größe des Nazionaleinkommens 61
4. Vertheilung des gesammten Einkommens aller Familien nach den 3 Klassen . 68
5. Vertheilung des Nazionalvermögens nach denselben Klassen 75

Fünftes Kapitel.

Eintheilung der Provinz und spezielle Statistik.

Seite

1. Generelle Eintheilung derselben . . . 79
2. Statistische Beschreibung einer Stadt, als Probe 80

Sechstes Kapitel.

Anstalten des Staats für äußere und innere Sicherheit ꝛc.

1. Militair 93
2. Polizeianstalten 95
   allgemeine Wittwenverpflegungsanstalt . 96
   Chausseen, Kanäle ꝛc. 98
   Irrenhaus 99
3. Justizwesen:
   a) Ober- und Untergerichte 99
   b) Generalzivilprozeßtabelle 101
   c) Kriminaltabelle 103
   d) Gefängnisse 105
   Anstalten für Wissenschaften, öffentliche Erziehung ꝛc.:
   a) Seminarien 105
   b) Schulen 106
5. Armenanstalten:
   a) Waisenhäuser 107
   b) Erwerbschulen 108
   c) Landarmenhäuser 108
   d) Hospitäler 108
   e) Stiftungen 109
   f) Wittwenkassen 109
6. Religionskultus 110

Siebentes Kapitel.

Finanzwesen.

Seite

1. Abgaben und Verpflichtungen der Staatsbewohner:
   a) Unmittelbare 111
   b) Mittelbare:
      a) an die Regierung 121
      b) an andere Staatsbürger . . 124
      c) Gesellschaftliche und Kommuneabgaben 128
2. Einnahmen der Regierung:
   a) Staatsdomainen 132
   b) Regalien 136
   c) Abgaben der Unterthanen . . . 138
3. Ausgaben der Regierung 139

Achtes Kapitel.

Zirkulazion und Wohlstand.

1. Jährlicher regelmäßiger Aufwand der Nazion zu verschiedenen Bedürfnissen . 142
2. Jährliche Konsumzion der Staatsbewohner; Handelsbilanz 143
3. Preise der Lebensbedürfnisse . . . 147
4. Verhältnißberechnung des Preises dieser Bedürfnisse nach 100 Pfund Roggen . 157
5. Hypothekenschulden, die auf den Grundstücken und Gebäuden der Provinz haften 158
6. Zustand der Zivildepositenkassen . . 160
7. Zustand der Pupillendepositenkassen . 162

Erstes Kapitel.

Grund und Boden.

Die Provinz N. enthält 400 Quadratmeilen, jede zu 4,000,000 Rheinländischen Quadratruthen, oder 22,222 Morgen 40 Quadratruthen; in Summe also 8,888,888 Morgen à 180 Quadratruthen.

Diese Fläche ist so vertheilt:		Prozente vom Ganzen.
3,926,397	Morgen kultivirter Acker	$42\frac{1}{2}$
247,892	Morgen Gartenland	$2\frac{1}{2}$
975,564	Morgen Wiesen	$10\frac{21}{80}$
1,427,622	Morgen Anger und Weide	$15\frac{3}{4}$
12,431	Morgen Flächeninhalt der Städte	$\frac{1}{8}$
64,249	Morgen Flächeninhalt der Dörfer	$\frac{3}{4}$
395,736	Morgen Wege, Flüsse und unbrauchbares Land	$4\frac{1}{4}$
3,228	Morgen nutzbare Teiche	$\frac{3}{80}$
11,738	Morgen nutzbare Seen	$\frac{1}{8}$
5,627	Morgen stehende Gewässer	$\frac{1}{16}$
1,328	Morgen Weinberge	$\frac{1}{80}$
1,816,988	Morgen Holzland	$23\frac{5}{8}$
S. 8,888,800	Morgen. *)	Summe 100 p. C.

Davon gehören:		Prozente vom Ganzen.
1) den Königlichen Domainen	1,632,724 Morg.	$18\frac{2}{5}$
2) den adlichen Gütern	2,227,347 —	25
Latus	3,860,071 Morg.	$43\frac{2}{5}$

*) Die fehlenden 88 Morgen entstehen aus den nicht in Anschlag gebrachten Brüchen der Quadratruthen.

			Prozente vom Ganzen.
Transport	3,860,071	Morg.	$43\frac{2}{5}$
3) Bauern, Kossäten und andern Mediatbesitzern auf dem platten Lande	3,595,694	—	$43\frac{23}{40}$
4) Freigutsbesitzern auf dem platten Lande . .	327,268	—	$3\frac{7}{10}$
5) Städtischen Eigenthümern	226,366	—	$2\frac{3}{5}$
6) Städtischen Kämmereien	195,236	—	$2\frac{1}{5}$
7) Stiftern und Klöstern	34,121	—	$\frac{2}{5}$
8) Kirchen	15,218	—	$\frac{7}{40}$
9) Predigern	52,396	—	$\frac{3}{5}$
10) Schullehrern	34,789	—	$\frac{2}{5}$
11) Hospitälern und Armenstiftungen . . .	69,598	—	$\frac{31}{40}$
Hierzu das unbrauchbare Land . .	478,043	—	$5\frac{2}{5}$
Summe	8,888,800	Morgen.	100 p. C.

Nro. 1. Die Königlichen Domainen besitzen:

427,648	Morgen	Acker.
13,211	—	Gärten.
94,576	—	Wiesen.
132,325	—	Anger und Weide.
1,432	—	Teiche und Seen.
963,532	—	Holzland.
Summe 1,632,724	Morgen.	

Nro. 2. Die adlichen Güter:

735,898	Morgen	Acker.
31,329	—	Gärten.
245,135	—	Wiesen.
674,321	—	Anger und Weide.
3,943	—	Teiche und Seen.
536,721	—	Holzland.
Summe 2,227,347	Morgen.	

Nro. 3. Bauern, Kossäten und andere Mediatbesitzer auf dem platten Lande:

2,275,326	Morgen	Acker.
151,836	—	Gärten.
Latus 2,427,162	Morgen.	

Transport	2,427,162	Morgen.	
	456,925	—	Wiesen.
	527,173	—	Anger und Weide.
	7,215	—	Teiche und Seen.
	177,219	—	Holzland.
Summe	3,595,694	Morgen.	

Nro. 4. Freigutsbesitzer auf dem platten Lande:

	126,768	Morgen	Acker.
	7,683	—	Gärten.
	75,314	—	Wiesen.
	51,127	—	Anger und Weide.
	527	—	Teiche und Seen.
	65,849	—	Holzland.
Summe	327,268	Morgen.	

Nro. 5. Städtische Eigenthümer:

	130,237	Morgen	Acker.
	28,121	—	Gärten.
	38,676	—	Wiesen.
	15,101	—	Anger und Weide.
	827	—	Teiche und Seen.
	13,404	—	Holzland.
Summe	226,366	—	Morgen.

Nro. 6. Städtische Kämmereien:

	83,827	Morgen	Acker.
	2,820	—	Gärten.
	42,327	—	Wiesen.
	16,515	—	Anger und Weide.
	621	—	Teiche und Seen.
	49,126	—	Holzland.
Summe	195,236	Morgen.	

Nro. 7. Stifter und Klöster:

	21,318	Morgen	Acker.
	1,420	—	Gärten.
	5,738	—	Wiesen.
Latus	28,476	Morgen.	

	Transport	28,476	Morgen.
		4,112	— Anger und Weide.
		312	— Teiche und Seen.
		1,221	— Holzland.
	Summe	34,121	Morgen.
Nro. 8.	Kirchen:		
		10,572	Morgen Acker.
		821	— Gärten.
		2,732	— Wiesen.
		827	— Anger und Weide.
		55	— Teiche und Seen.
		211	— Holzland.
	Summe	15,218	Morgen.
Nro. 9.	Prediger:		
		38,921	Morgen Acker.
		4,544	— Gärten.
		7,326	— Wiesen.
		1,136	— Anger und Weide.
		469	— Holzland.
	Summe	52,396	Morgen.
Nro. 10.	Schullehrer:		
		22,085	Morgen Acker.
		3,987	— Gärten.
		5,127	— Wiesen.
		1,047	— Anger und Weide.
		2,543	— Holzland.
	Summe	34,789	Morgen.
Nro. 11.	Hospitäler und Armenstiftungen:		
		54,797	Morgen Acker.
		2,220	— Gärten.
		1,788	— Wiesen.
		3,966	— Anger und Weide.
		34	— Teiche und Seen.
		6,793	— Holzland.
	Summe	69,598	Morgen.

Von dem unbrauchbaren Lande gehören zu dem Territorium

der Königlichen Domainen	188,369 Morg.
— adlichen Güter	143,530 —
— Bauern, Kossäten und anderer Mediatbesitzer auf dem platten Lande	102,326 —
— Freigutsbesitzer auf dem platten Lande	18,321 —
— städtischen Eigenthümer	10,875 —
— Kämmereien	6,317 —
— Stifter und Klöster	1,831 —
— Kirchen	776 —
— Prediger	1,325 —
— Schullehrer	1,517 —
— Hospitäler und Armenstiftungen	2,856 —
Summa	478,043 Morg.

In der Provinz sind 130 Domainenämter, deren Grundstücke außer den Forsten theils in Erbpacht, theils in Zeitpacht ausgethan sind. Diese Grundstücke sind so vertheilt:

1	Domainenamt	hat		18000			Morgen.
1	—	—		11500			—
2	Aemter	haben	über	10000			—
10	Aemter	haben	zwischen	8000	und	9000	Morgen.
13	—	—	—	7000	—	8000	—
15	—	—	—	6000	—	7000	—
15	—	—	—	5000	—	6000	—
33	—	—	—	4000	—	5000	—
40	—	—	—	3000	—	4000	—
130							

Die Königlichen Forsten sind in 29 Distrikte eingetheilt, deren jedem ein Oberförster und die nöthige Zahl Unteroffizianten vorgesetzt sind.

1	Distrikt	hat	zwischen	70000	und	80000	Morgen.
1	—	—	—	60000	—	70000	—
3	—	—	—	50000	—	60000	—
4	—	—	—	40000	—	50000	—
5	—	—	—	30000	—	40000	—
6	—	—	—	20000	—	30000	—
9	—	—	—	15000	—	20000	—

Die Grundstücke der adlichen Güter, deren Zahl 1611 beträgt, sind so vertheilt:

9	Güter	haben		8000	Morgen	Grundstücke und drüber.	
13	Güter	haben	zwischen	6000	und	8000	Morgen.
15	—	—	—	5000	—	6000	—
21	—	—	—	4000	—	5000	—
36	—	—	—	3000	—	4000	—
61	—	—	—	2500	—	3000	—
53	—	—	—	2000	—	2500	—
71	—	—	—	1800	—	2000	—
84	—	—	—	1600	—	1800	—
96	—	—	—	1400	—	1600	—
105	—	—	—	1200	—	1400	—
285	—	—	—	1000	—	1200	—
204	—	—	—	900	—	1000	—
211	—	—	—	800	—	900	—
116	—	—	—	700	—	800	—
82	—	—	—	600	—	700	—
86	—	—	—	500	—	600	—
73	—	—	unter	500	Morgen.		
1611	Güter.						

Diese 1611 Güter sind unter 1325 Besitzer vertheilt.

Nach den speziellen Aufnahmen ist in der ganzen Provinz:

die jährliche Aussaat.			der jährliche Totalertrag nach Abzug der Aussaat.		der Werth nach speziellen Durchschnittspreisen.	
452,327	Scheffel	Weitzen.	1,927,875	Scheffel. . .	3,736,226	Rthlr.
1,012,165	—	Roggen.	5,736,327	— . .	9,410,625	—
714,898	—	Gerste.	2,979,260	— . .	3,753,779	—
395,227	—	Hafer.	1,576,888	— . .	1,305,710	—
13,192	—	Erbsen.	40,997	— . .	83,064	—
1,513	—	Linsen.	6,725	— . .	15,375	—
6,321	—	Wicken.	29,624	— . .	37,369	—
128,726	—	Kartoffeln.	596,892	— . .	311,186	—
1,769	—	Hirse.	19,963	— . .	51,503	—
858	—	Bohnen.	4,759	— . .	9,796	—
				Latus	18,714,633	Rthlr.

		der Werth nach speziellen Durchschnittspreisen:
die jährliche Aussaat:	Transport .	18,714,633 Rthlr.
34,827 Scheffel Leinsaamen, à 25 Rthlr.	. . . .	995,675 —
13,636 Morgen mit Tabak bepflanzt geben 64,898 Zentner, à 7 Rthlr.	. . . . . .	454,286 —
1,328 — Weinberge geben Totalertrag	. . .	25,681 —
Die Obstpflanzungen enthalten 3,596,224 tragbare Obstbäume, welche jährlich im Durchschnitt 121,910 Scheffel Obst, am Werth für bringen.		234,695 —
Die Nutzung der Gärten bei den Städten (37,557 Morgen) ist nach den einzelnen Berechnungen angeschlagen zu	. . . . .	1,594,227 —
Die Nutzung der Gärten auf dem platten Lande (210,335 Morgen) zu		2,550,311 —
Die Teiche und nutzbaren Seen sind nach den speziellen Angaben angeschlagen zu	. . . .	65,312 —
Das Holzland (1,816,988 Morgen) zu	. . . .	2,845,352 —
	Summe a)	27,480,172 Rthlr.

Der Ertrag eines Morgens Landes, das mit Leinsaamen bestellt ist, beträgt also im

	Rthlr.	Gr.	Pf.
Durchschnitt	14	7	—
Der Ertrag eines Morgens, der mit Tabak bepflanzt ist .	33	7	6
Der Ertrag eines Morgens Weinland	19	8	1
Der Ertrag eines Obstbaumes	—	1	6⅔
Der Ertrag eines Morgens städtischer Gärten . . .	42	10	9
Der Ertrag eines Morgens ländlicher Gärten *) . .	12	3	—

Viehstand und dessen Totalertrag.

In der ganzen Provinz sind:

129,527 Pferde.
23,231 Fohlen.
1,526 Esel.
35,429 Ochsen.

*) Der Ertrag ist darum so niedrig, weil in diesen Gärten viel Viehfutter gebauet wird, welches bei der Nutzung des Viehes in Anschlag kommt.

In der ganzen Provinz sind:		Totalertrag derselben:	Also auf jedes Stück:		
167,922	Kühe	5,434,725 Rthlr.	32 Rthlr.	8 Gr.	9 Pf.
69,365	Stück Jungvieh . .	368,015 —	5 —	7 —	4 —
8,729	Ziegen	27,064 —	3 —	2 —	5 —
523,627	Schafe und Lämmer *)	545,443 —	1 —	1 —	— —
125,970	Schweine . . .	203,376 —	1 —	14 —	8 —
56,227	Bienenstöcke { Honig .	101,678 —	3 —	7 —	3 —
	{ Wachs .	83,063 —			
	Summe b)	6,763,364 Rthlr.			

	Rthlr.
Der jährliche Totalertrag des Federviehes in der ganzen Provinz ist angeschlagen zu	397,824
Der jährliche Totalertrag der Wildpretnutzung zu	326,532
An Nebennutzungen des Holzes von Weiden und andern einzeln stehenden Bäumen und Anpflanzungen, von Steinkohlen, Torf- und Eisensteingruben .	223,756
Summe c)	948,112

Von der Summe a) 27,480,172 Rthlr. geht das ab, was zur Unterhaltung der Ackerpferde, der Ackerochsen und alles übrigen Zug- und Nutzviehes von den Produkten des Ackerbaues verwendet wird.

Dies ist:	1) an Roggen	578,321 Rthlr.
	2) an Gerste	1,211,750 —
	3) an Hafer	610,151 —
	4) an Erbsen	2,121 —
	5) an Wicken	5,365 —
	6) an Kartoffeln	129,756 —
	7) an Früchten aus den städtischen Gärten	436,397 —
	Summe d)	2,973,861 Rthlr.

(Das Futter für Pferde, Esel und Ochsen, die nicht zum Ackerbau gebraucht werden, darf hier nicht in Abzug kommen, da von dem jährlichen Nazionaleinkommen nur das abgerechnet werden muß, was zu der künftigjährigen Produkzion für das Arbeitsvieh aufgewendet wird. — Das, was von dergleichen Früchten für das Nutzvieh aufgewendet wird, kommt in dem Nutzungsanschlage von der Viehzucht in Einnahme und darf also hier nicht stehen bleiben, um die Summen nicht doppelt aufzuführen.)

Von

*) Darunter sind 43,391 ganz veredelte und 62,581 halbveredelte, die übrigen gewöhnliche Landschafe.

Von der nun übrig bleibenden Summe a), nach Abzug der Summe d), ist anzusetzen:

als Ertrag des kultivirten Ackers .	17,652,811	Rthlr.
— — der Gärten und Obstbäume	3,942,836	—
— — der Fischerei . . .	65,312	—
— — der Holzungen . .	2,845,352	—
Summe e)	24,506,311	Rthlr.

Der Totalertrag von der Summe des angegebenen kultivirten Ackers (3,926,397 Morgen) ist zu 17,652,811 Rthlr. berechnet, so daß auf jeden Morgen 4 Rthlr. 11 Gr. 1 Pf. als Totalertrag, nach Abzug der Aussaat und des Futters für Zug- und Nutzvieh, anzuschlagen ist. Da aber die Grundstücke, welche zur Erhaltung des Nutzviehes angewendet werden, in Absicht ihres Ertrags in der Rubrik vom Viehstande aufgeführt sind, so muß auch diese Summe in ihre beiden Zweige getrennt werden. Von der angegebenen Summe d) müssen für das Nutzvieh (außer dem nicht in Anschlag gebrachten Stroh, Kaff rc.) 1,135,324 Rthlr. abgehen, so daß der wirkliche Totalertrag aller kultivirten Aecker um diese letzte Summe vermehrt wird; er beträgt demnach 18,788,135 Rthlr., und das wahre Nazionaleinkommen von jedem Morgen kultivirten Acker ist 4 Rthlr. 18 Gr.

Nazionaleinkommen der ganzen Provinz von ihrem nutzbaren Grund und Boden.

1.	Vom Acker, Gartenbau, Fischerei und Holzland	24,506,311	Rthlr.
2.	Von den zur Viehzucht angewendeten Grundstücken	6,763,364	—
3.	Von Nebennutzungen an Holz, Federvieh, Wildpret rc.	948,112	—
	Summe f)	32,217,787	Rthlr.

Zusammenstellung des Totalertrags nach den 11 angegebenen Theilhabern an Grund und Boden.

1. Die Königlichen Domainen:

Ertrag vom Ackerbau	2,295,173	Rthlr.
— von der Viehzucht . . .	1,520,976	—
— von den Forsten . . .	1,618,628	—
— von der Gartennutzung . .	196,532	—
— vom Federvieh	58,227	—
— von der Fischerei . . .	6,488	—
Latus	5,696,024	Rthlr.

	Transport	5,696,024 Rthlr.
Ertrag vom Obstbau		23,155 —
— von den Nebennutzungen . .		27,356 —
— von der Wildpretnutzung . .		158,731 —
	Summe	5,905,266 Rthlr.

2. Die adlichen Güter:

Ertrag vom Ackerbau		3,545,645 Rthlr.
— von der Viehzucht		2,098,024 —
— von den Forsten		659,718 —
— von der Gartennutzung . .		481,148 —
— vom Federvieh		101,314 —
— von der Fischerei		18,450 —
— vom Obstbau		40,723 —
— von den Nebennutzungen . .		54,107 —
— von der Wildpretnutzung . .		86,397 —
	Summe	7,085,526 Rthlr.

3. Bauern-, Kossäten- rc. Güter:

Ertrag vom Ackerbau		8,782,052 Rthlr.
— von der Viehzucht		2,410,788 —
— von den Forsten		280,262 —
— von der Gartennutzung . .		1,813,332 —
— vom Federvieh		165,112 —
— von der Fischerei		26,993 —
— vom Obstbau		108,897 —
— von den Nebennutzungen . .		85,386 —
— von der Wildpretnutzung . .		32,158 —
	Summe	13,704,980 Rthlr.

4. Freigutsbesitzer auf dem platten Lande:

Ertrag vom Ackerbau		741,161 Rthlr.
— von der Viehzucht		242,615 —
— von den Forsten		122,779 —
— von der Gartennutzung . .		103,096 —
— vom Federvieh		18,312 —
— von der Fischerei		3,337 —
— vom Obstbau		7,526 —
	Latus	1,238,826 Rthlr.

	Transport	1,238,826 Rthlr.
Ertrag von den Nebennutzungen	. .	14,311 —
— von der Wildpretnutzung	. .	25,321 —
	Summe	1,278,458 Rthlr.

5. Städtische Eigenthümer:

Ertrag vom Ackerbau	. . . . .	943,102 Rthlr.
— von der Viehzucht	. . .	221,079 —
— von den Forsten	. . .	33,789 —
— von der Gartennutzung	. .	795,421 —
— vom Federvieh	. . . .	18,115 —
— von der Fischerei	. . .	4,685 —
— vom Obstbau	. . . .	32,787 —
— von den Nebennutzungen	. .	14,226 —
— von der Wildpretnutzung	. .	2,716 —
	Summe	2,065,920 Rthlr.

6. Städtische Kämmereien:

Ertrag vom Ackerbau	. . . . .	573,912 Rthlr.
— von der Viehzucht	. . .	186,659 —
— von den Forsten	. . . .	111,211 —
— von der Gartennutzung	. .	85,429 —
— vom Federvieh	. . . .	13,367 —
— von der Fischerei	. . .	3,225 —
— vom Obstbau	. . . .	5,976 —
— von den Nebennutzungen	. .	10,887 —
— von der Wildpretnutzung	. .	19,585 —
	Summe	1,010,251 Rthlr.

7. Stifter und Klöster:

Ertrag vom Ackerbau	. . . . .	90,220 Rthlr.
— von der Viehzucht	. . .	15,508 —
— von den Forsten	. . . .	1,649 —
— von der Gartennutzung	. .	19,976 —
— vom Federvieh	. . .	2,312 —
— von der Fischerei	. . .	1,758 —
— vom Obstbau	. . . .	1,623 —
— von den Nebennutzungen	. .	1,516 —
	Summe	134,562 Rthlr.

8. Kirchen:

Ertrag vom Ackerbau	47,617	Rthlr.
— von der Viehzucht	6,367	—
— von den Forsten	342	—
— von der Gartennutzung . . .	12,306	—
— vom Federvieh	1,271	—
— von der Fischerei	233	—
— vom Obstbau	917	—
— von den Nebennutzungen . .	897	—
Summe	69,950	Rthlr.

9. Prediger:

Ertrag vom Ackerbau	225,083	Rthlr.
— von der Viehzucht	22,212	—
— von den Forsten	887	—
— von der Gartennutzung . . .	61,330	—
— vom Federvieh	7,052	—
— vom Obstbau	5,310	—
— von den Nebennutzungen . .	5,226	—
Summe	327,100	Rthlr.

10. Schullehrer:

Ertrag vom Ackerbau	122,664	Rthlr.
— von der Viehzucht	19,177	—
— von den Forsten	5,191	—
— von der Gartennutzung . . .	106,715	—
— vom Federvieh	3,336	—
— vom Obstbau	4,652	—
— von den Nebennutzungen . .	2,561	—
Summe	264,296	Rthlr.

11. Hospitäler und Armenstiftungen:

Ertrag vom Ackerbau	286,182	Rthlr.
— von der Viehzucht	19,959	—
— von den Forsten	10,896	—
— von der Gartennutzung . . .	32,856	—
— vom Federvieh	9,406	—
— von der Fischerei	143	—
Latus	359,442	Rthlr.

	Transport	359,442 Rthlr.
Ertrag vom Obstbau		3,129 —
— von den Nebennutzungen . .		7,283 —
— von der Wildpretnutzung . .		1,624 —
	Summe	371,478 Rthlr.
Totalsumme der 11 Nummern		32,217,787 Rthlr.

An dieser Summe haben Antheil:

1.	Die Domainen	$18\frac{27}{80}$	Prozent	vom	Ganzen.
2.	Die adlichen Güter	22	—	—	—
3.	Bauern, Kossäten ꝛc.	$42\frac{83}{160}$	—	—	—
4.	Freigutsbesitzer auf dem platten Lande	$3\frac{19}{40}$	—	—	—
5.	Städtische Eigenthümer . .	$6\frac{13}{80}$	—	—	—
6.	Städtische Kämmereien . .	$3\frac{11}{80}$	—	—	—
7.	Stifter und Klöster	$\frac{67}{160}$	—	—	—
8.	Kirchen	$\frac{17}{80}$	—	—	—
9.	Prediger	$1\frac{1}{80}$	—	—	—
10.	Schullehrer	$\frac{13}{40}$	—	—	—
11.	Hospitäler und Armenstiftungen .	$1\frac{9}{20}$	—	—	—
	Summe	100			

Von dem Viehstande besitzen

1. Die Königlichen Domainen:

	Zahl.	Totalertrag des Viehstandes. Rthlr.	Also für jedes Stück (oder 100) *) Rthlr.	Gr.	Pf.
Pferde	29342				
Fohlen	5107				
Esel	336				
Ochsen	5236				
Kühe	33029	1198230	36	6	8
Jungvieh . . .	10327	62392	6	1	—
Ziegen	275	835	3	—	8
Schafe und Lämmer	165695	202514	122	5	4
Schweine . . .	21817	33179	1	12	3
Bienenstöcke . .	8315	23826	2	15	—
Summe		1520976			

*) Bei dem Schafvieh ist der Ertrag von 100 Stück im Gemenge angegeben.

2. Die adlichen Güter:

	Zahl.	Totalertrag des Viehstandes. Rthlr.	Also für jedes Stück (oder 100) Rthlr.	Gr.	Pf.
Pferde	35665				
Fohlen	6607				
Esel	753				
Ochsen	7365				
Kühe	48697	1675990	34	10	1
Jungvieh . .	18172	100513	5	12	9
Ziegen	458	1393	3	1	—
Schafe und Lämmer	241451	243127	100	16	8
Schweine . .	27328	46305	1	16	8
Bienenstöcke . .	12127	30696	2	18	9
Summe		2098024			

3. Bauern, Kossaten rc.:

	Zahl.				
Pferde	51831				
Fohlen	9118				
Esel	156				
Ochsen . .	20397				
Kühe	71155	1956198	27	12	10
Jungvieh . .	35293	172277	4	21	1
Ziegen	5229	15424	2	13	5
Schafe und Lämmer	67370	51892	76	17	8
Schweine . .	64806	103178	1	14	2
Bienenstöcke . .	30517	111819	3	15	11
Summe		2410788			

4. Freigutsbesitzer a. d. platt. Lande:

	Zahl.				
Pferde	4360				
Fohlen	807				
Esel	38				
Ochsen . .	906				
Kühe	5271	195575	37	2	6
Jungvieh . .	2125	14372	6	18	4
Ziegen	1513	5135	3	9	5
Schafe und Lämmer	13416	15092	112	12	—
Schweine . .	3971	7072	1	18	9
Bienenstöcke . .	1525	5369	3	12	6
Summe		242615			

5. Städtische Eigenthümer:

	Zahl.	Totalertrag des Viehstandes. Rthlr.	Also für jedes Stück (oder 100) Rthlr.	Gr.	Pf.
Pferde . . .	3819				
Fohlen . . .	698				
Esel . . .	53				
Ochsen . . .	619				
Kühe . . .	4110	187062	45	12	4
Jungvieh . .	1431	7607	5.	9	6
Ziegen . . .	235	851	3	15	—
Schafe und Lämmer	13416	15652	116	16	—
Schweine . .	3214	5892	1	20	—
Bienenstöcke . .	1112	4015	3	14	8
Summe		221079			

6. Städtische Kämmereien:

	Zahl.	Rthlr.	Rthlr.	Gr.	Pf.
Pferde . . .	3115				
Fohlen . . .	621				
Esel . . .	131				
Ochsen . . .	538				
Kühe . . .	3897	162766	41	18	5
Jungvieh . .	1272	6810	5	8	4
Schafe und Lämmer	7096	8131	114	14	—
Schweine . .	3273	5329	1	15	1
Bienenstöcke . .	1056	3623	3	10	4
Summe		186659			

7. Stifter und Klöster:

	Zahl.	Rthlr.	Rthlr.	Gr.	Pf.
Pferde . . .	296				
Fohlen . . .	54				
Esel . . .	39				
Ochsen . .	68				
Kühe . . .	338	10583	31	7	6
Jungvieh . .	123	649	5	6	10
Ziegen . . .	533	1654	3	2	6
Schafe und Lämmer	1121	1066	95	—	—
Schweine . .	326	471	1	10	9
Bienenstöcke . .	357	1085	3	1	—
Summe		15508			

8. Kirchen:

	Zahl.	Totalertrag des Viehstandes. Rthlr.	Also für jedes Stück (oder 100) Rthlr.	Gr.	Pf.
Pferde . .	118				
Fohlen . . .	26				
Ochsen . . .	68				
Kühe . . .	145	4644	32	—	8
Jungvieh . .	71	381	5	9	2
Schafe und Lämmer	987	942	95	—	—
Schweine . .	217	325	1	12	—
Bienenstöcke . .	26	75	2	21	9
Summe		6367			

9. Prediger:

	Zahl.				
Pferde . . .	375				
Fohlen . . .	74				
Ochsen . . .	81				
Kühe . . .	436	15375	35	6	4
Jungvieh . .	165	923	5	14	6
Ziegen . . .	126	430	3	10	—
Schafe und Lämmer	2532	3029	119	10	—
Schweine . .	382	611	1	14	6
Bienenstöcke . .	506	1844	3	15	6
Summe		22212			

10. Schullehrer:

	Zahl.				
Pferde . . .	221				
Fohlen . . .	48				
Ochsen . . .	56				
Kühe . . .	370	13470	36	9	10
Jungvieh . .	110	618	5	16	8
Ziegen . . .	351	1315	3	18	—
Schafe und Lämmer	1057	1247	118	1	—
Schweine . .	235	407	1	17	8
Bienenstöcke . .	601	2120	3	12	8
Summe		19177			

11. Hospitäler und Armenstiftungen:

	Zahl.	Totalertrag des Viehstandes. Rthlr.	Also für jedes Stück (oder 100) Rthlr.	Gr.	Pf.
Pferde . . .	385				
Fohlen . . .	71				
Esel . . .	20				
Ochsen . . .	95				
Kühe . . .	474	14832	33	14	9
Jungvieh . .	276	1473	5	8	1
Ziegen . . .	9	27	3	—	—
Schafe und Lämmer	2751	2751	100	—	—
Schweine . .	401	607	1	12	4
Bienenstöcke . .	85	269	3	4	—
Summe		19959			

Der Totalertrag des kultivirten Ackers war nach den speziellen Berechnungen:

	in Summe Rthlr.	auf einen Morgen also Rthlr.	Gr.	Pf.
1. bei den Königlichen Domainen	2295173	5	8	10
2. — — adlichen Gütern	3545645	4	17	7
3. — — Bauern, Kossäten ꝛc.	8782052	3	20	2
4. — — Freigutsbesitzern auf dem platten Lande	741161	5	20	5
5. — — städtischen Eigenthümern	943102	7	5	10
6. — — — Kämmereien	573912	6	20	3
7. — — Stiftern und Klöstern	90220	4	5	7
8. — — Kirchen	47617	4	12	1
9. — — Predigern	225083	5	18	10
10. — — Schullehrern	122664	5	13	4
11. — — Hospitälern und Armenstiftungen .	286182	5	5	4
Summe	17652811			

Totalertrag der Forsten:

	in Summe Rthlr.	auf einen Morgen also Rthlr.	Gr.	Pf.
1. bei den Königlichen Domainen	1618628	1	16	3
2. — — adlichen Gütern	659718	1	5	6
3. — — Bauern, Kossäten ꝛc.	280262	1	14	—
Latus	2558608			

		in Summe Rthlr.	auf einen Morgen also Rthlr.	Gr.	Pf.
	Transport	2558608			
4.	bei den Freigutsbesitzern auf dem platten Lande	122779	1	20	9
5.	— — städtischen Eigenthümern	33789	2	12	6
6.	— — — Kämmereien	111211	2	6	4
7.	— — Stiftern und Klöstern	1649.	1	8	5
8.	— — Kirchen	342	1	15	—
9.	— — Predigern	887	1	21	6
10.	— — Schullehrern	5191	2	1	—
11.	— — Hospitälern und Armenstiftungen .	10896	1	14	6
	Summe	2845352			

	Totalertrag der nutzbaren Gewässer:	in Summe Rthlr.	auf einen Morgen also Rthlr.	Gr.	Pf.
1.	bei den Königlichen Domainen	6488	4	12	9
2.	— — adlichen Gütern	18450	4	16	4
3.	— — Bauern, Kossäten rc.	26993	3	17	10
4.	— — Freigutsbesitzern auf dem platten Lande .	3337	4	10	6
5.	— — städtischen Eigenthümern	4685	5	16	—
6.	— — — Kämmereien	3225	5	4	8
7.	— — Stiftern und Klöstern	1758	5	15	3
8.	— — Kirchen	233	4	6	—
11.	— — Hospitälern und Armenstiftungen . .	143	4	12	—
	Summe	65312			

Der Kapitalwerth der Grundstücke kann auf zweierlei Art taxirt werden:

1) Nach ihrem jetzigen Kaufwerth. Diese Taxe erfolgt, wenn der nach einem mehrjährigen Durchschnitt ausgemittelte wirkliche reine Ertrag mit 4 Prozent zu Kapital angeschlagen wird. Dies ist die am häufigsten vorkommende und im Geschäftsleben am mehresten gebrauchte Taxe; sie ist in dieser Provinz nach der Verschiedenheit der Güter und Grundstücke zu 15 Klassen anzunehmen.

1.	4,235 Morgen	a	140 Rthlr.	. .	592,900 Rthlr.
2.	15,762 —	—	120 —	. .	1,891,440 —
Latus	19,997 Morgen.				2,484,340 Rthlr.

Transport	19,997	Morgen					2,484,340	Rthlr.
3.	42,684	—	à	100	Rthlr.	. .	4,268,400	—
4.	136,263	—	—	90	—	. .	12,263,670	—
5.	407,834	—	—	80	—	. .	32,626,720	—
6.	405,763	—	—	70	—	. .	28,403,410	—
7.	437,668	—	—	60	—	. .	26,260,080	—
8.	648,161	—	—	50	—	. .	32,408,050	—
9.	550,624	—	—	40	—	. .	22,024,960	—
10.	421,231	—	—	30	—	. .	12,636,930	—
11.	415,311	—	—	25	—	. .	10,382,775	—
12.	876,132	—	—	20	—	. .	17,522,640	—
13.	1,417,690	—	—	15	—	. .	21,265,350	—
14.	1,419,004	—	—	10	—	. .	14,190,040	—
15.	1,212,395	—	—	5	—	. .	6,061,975	—
Summe	8,410,757	Morgen				997	242,799,340	Rthlr.

Mittelpreis eines Morgens: 28 Rthlr. 21 Gr.

Der wirkliche reine Ertrag aller Grundstücke ist 9,711,973' Rthlr.; dies beträgt von dem Totalertrage (32,217,787 Rthlr.) 30⅛ Prozent. Der reine Ertrag eines Morgens ist 1 Rthlr. 3 Gr. 8 Pf.; wenn aber das ganze Areal, mit Einschluß aller, auch nicht nutzbaren, Ländereien zum Anschlage gebracht wird, so ist auf jeden Morgen der reine Ertrag zu 1 Rthlr. 2 Gr. 2 Pf. anzunehmen.

2) Nach ihrer innern Beschaffenheit und nach dem bei geschickter Bearbeitung von ihnen' zu erwartenden reinem Ertrage; dies kann der Steuerwerth genannt werden, weil diese Taxe der von allen Grundstücken zu erhebenden Steuer nur allein zum Grunde gelegt werden darf. Der Staat darf nicht deswegen eine höhere oder geringere Steuer auf ein Grundstück legen, weil es der dermalige Besitzer, aus Gründen, die in seinem Vermögen oder in seiner persönlichen Beschaffenheit ihren Grund haben, höher oder geringer nutzt; er nimmt bei dieser Taxe nur auf die Umstände Rücksicht, die nicht von dem Willen und den gewöhnlichen Kräften des Grundbesitzers abhängen; er bringt also in Anschlag:

a) Die eigentliche Güte des Bodens, dessen Erdarten und die Mischungen derselben.

b) Den Ertrag, der bei fleißiger Bearbeitung des Bodens nach der jetzt bestehenden Wirthschaftsart zu erwarten ist; jedoch ohne solche Meliorationen erst vorauszusetzen, welche neue Kapitale erfordern.

c) Die Lage des Grundstücks an einem schiffbaren Flusse, an einer gut bevölkerten Stadt, die Gefahr, welcher dasselbe von Ueberschwemmungen ausgesetzt ist, und die Kosten, welche zur Unterhaltung der Deiche und Wehren gegen das Wasser nothwendig aufgewendet werden müssen.

Er bringt nicht in Anschlag:

a) Servitute, Berechtigungen anderer als des jetzigen Besitzers an dem Grundstück und Einschränkungen bei der Kultur desselben; denn sie sind Gebrechen der Verfassung, welche abgeschafft werden müssen. Eben so wenig dürfen die auf einigen Grundstücken haftenden Mediatabgaben und Verpflichtungen hier in Anschlag kommen, obgleich dem besteuerten Mediatverpflichteten das Recht zusteht, sich wegen des auf dergleichen Abgaben und Verpflichtungen fallenden Steuerantheils an den Berechtigten zu halten.

b) Ob Holz oder Weizen, Tabak oder Buchweizen, Flachs oder Gras, Obst und Gartengewächs oder Dornen und Disteln auf dem Boden stehen; aber er läßt auch dem Besitzer die Freiheit, Holz oder Weizen, Obst oder Gras auf demselben zu bauen.

Alle Grundstücke der Provinz sind in dieser Hinsicht ebenfalls in 15 Klassen getheilt, und die Steuertaxe derselben ist folgende:

von der	1sten	Klasse	11,336	Morgen	à 145	Rthlr.	1,643,720 Rthlr.
— —	2ten	—	58,548	—	— 130	—	7,611,240 —
— —	3ten	—	137,695	—	— 115	—	15,834,925 —
— —	4ten	—	368,210	—	— 100	—	36,821,000 —
— —	5ten	—	895,237	—	— 90	—	80,571,330 —
— —	6ten	—	723,150	—	— 80	—	57,852,000 —
— —	7ten	—	1,396,256	—	— 70	—	97,737,920 —
— —	8ten	—	1,575,312	—	— 60	—	94,518,720 —
— —	9ten	—	876,251	—	— 50	—	43,812,550 —
— —	10ten	—	532,517	—	— 40	—	21,300,680 —
— —	11ten	—	626,319	—	— 30	—	18,789,570 —
— —	12ten	—	427,817	—	— 20	—	8,556,340 —
— —	13ten	—	165,219	—	— 15	—	2,478,285 —
— —	14ten	—	236,787	—	— 10	—	2,367,870 —
— —	15ten	—	380,103	—	— 5	—	1,900,515 —
	Summe		8,410,757	Morgen.			491,796,675 Rthlr.

Mittelwerth pro Morgen: 58$\frac{1}{7}$ Rthlr.

Die Taxe ist ebenfalls zu 4 Prozent als jährliche Nutzung des Kapitals angeschlagen, und der jährliche reine Ertrag des ganzen Grundes und Bodens müßte also hiernach betragen 19,671,867 Rthlr. Der reine Ertrag eines Morgens wäre im Durchschnitt 2 Rthlr. 8 Gr. 1 Pf.

Wenn aber das ganze Areal mit Einschluß aller, auch nicht nutzbaren, Ländereien zum Anschlage gebracht wird, so ist auf jeden Morgen der reine Ertrag zu 2 Rthlr. 5 Gr. 1 Pf. zu rechnen. — Der wirkliche Werth der Grundstücke beträgt demnach 49½ Prozent des Steuerwerths.

Wenn die Grundsteuer von allen nutzbaren Grundstücken ohne Ausnahme zu 20 Prozent der Steuertaxe angelegt worden wäre, so wird sie 3,934,372 Rthlr. eintragen; in der jetzigen Beschaffenheit des Bodens und dessen Ertrags wird sie aber 40½ Prozent des reinen Ertrags wegnehmen.

Die Differenz zwischen der Steuertaxe und der Verkaufstaxe bestimmt den Grad der landwirthschaftlichen Kultur, auf welchem die Provinz steht, obgleich die Steuertaxe nicht den möglich höchsten Ertrag des Bodens zum Grunde legt, dem er sich nur dann nähern kann, wenn immer mehr Kapitale und Arbeit auf ihn verwendet werden; die Steuertaxe kann nur den möglichen Ertrag bei jetziger Kulturart zum Grunde legen, obgleich die Besitzer der Grundstücke bei der Einführung einer vollkommnern Wirthschaftsart ungleich höhern Ertrag aus ihren Grundstücken ziehen könnten. Diese Provinz muß noch, außer den jetzt im Grund und Boden steckenden Inventariums- und Betriebs-Kapitalen, ein neues Kapital von 248,997,000 Rthlr. aufwenden, um den Ertrag des Bodens bis zu der Steuertaxe zu bringen, wenn man die jährlichen Zinsen der neu angelegten Kapitale zu 4 Prozent anschlägt; aber in allen Provinzen des preußischen Staats tragen Kapitale, auf diese Art verwendet, mehr, und beträchtlich mehr ein als 4 Prozent jährlicher Zinsen, und müssen es auch nach der Natur der Kapitalzinsen, denn die Kapitale selbst sind gleichsam auf (ewige) Leibrenten ausgethan; sie selbst kommen, wenn sie einmal in den Boden gesteckt sind, nicht wieder zurück, und eben deswegen kann man sie zu 8. 10 und vielleicht mehr Prozent jährlichen Ertrag anschlagen. Wahrscheinlich würde eine Summe von 100,000,000 Rthlr. hinreichen, um — zweckmäßig verwendet — den jetzigen wirklichen Werth zu dem Steuerwerth zu erheben.

Zusammenstellung des reinen **Ertrags nach den 11 angegebenen** Theilhabern an Grund **und Boden:**

1.	Die Königlichen Domainen . .	2,168,610 Rtlr.,	also 22 Proz.	des Ganzen.
2.	Die adlichen Güter	2,459,815 —	— 25	— —
3.	Die Bauern, Kossäten 2c. . . .	3,399,981 —	— $34\frac{9}{16}$	— —
4.	Freigutsbesitzer auf dem platten Lande	318,329 —	— 4	— —
5.	Städtische Eigenthümer . .	699,792 —	— 7	— —
6.	— Kämmereien . .	320,002 —	— 4	— —
7.	Stifter und Kloster . . .	36,435 —	— $\frac{3}{8}$	— —
8.	Kirchen	12,152 —	— $\frac{1}{8}$	— —
9.	Prediger	114,513 —	— $1\frac{1}{8}$	— —
10.	Schullehrer	73,827 —	— $\frac{3}{4}$	— —
11.	Hospitäler und Armenstiftungen .	108,517 —	— $1\frac{1}{16}$	— —
	Summe	9,711,973 Rthlr.	100	

Kapitalwerth dieser Grundstücke, ohne Rücksicht auf die auf ihnen haftenden Immediat- und Mediatabgaben oder Naturalverpflichtungen:

1.	Die Grundstücke der Königlichen Domainen . .	54,215,250 Rthlr.
2.	Die adlichen Güter	61,495,275 —
3.	Die Bauer-, Kossäten- 2c. Güter	84,990,670 —
4.	Die Freigüter auf dem platten Lande . . .	7,958,225 —
5.	Die Grundstücke der städtischen Eigenthümer .	17,494,800 —
6.	— — — Kämmereien	8,000,050 —
7.	— — — Stifter und Klöster . .	910,875 —
8.	— — — Kirchen	303,800 —
9.	— — — Prediger	2,862,825 —
10.	— — — Schullehrer	1,845,645 —
11.	— — — Hospitäler und Armenstiftungen	2,712,925 —
	Summe	242,799,340 Rthlr.

Zusammenstellung.

		1. Von dem nutzbaren Boden überhaupt beträgt nach Prozenten der Antheil:	2. Von dem Totalertrage desselben:	3. Von dem reinen Ertrage:
1.	der Domainen	$18\frac{2}{5}$	$18\frac{27}{80}$	22
2.	— adlichen Güter	25	22	25
3.	— Bauer-, Kossäten- ꝛc.	$40\frac{23}{40}$	$42\frac{83}{160}$	$34\frac{9}{16}$
4.	— Freigüter ꝛc.	$3\frac{7}{10}$	$3\frac{19}{40}$	4
5.	— städt. Eigenthümer	$2\frac{3}{5}$	$6\frac{13}{80}$	7
6.	— — Kämmereien	$2\frac{1}{5}$	$3\frac{11}{80}$	4
7.	— Stifter und Klöster	$\frac{2}{5}$	$\frac{67}{160}$	$\frac{3}{8}$
8.	— Kirchen	$\frac{7}{40}$	$\frac{17}{80}$	$\frac{1}{8}$
9.	— Prediger	$\frac{3}{5}$	$1\frac{1}{80}$	$1\frac{1}{8}$
10.	— Schullehrer	$\frac{2}{5}$	$\frac{33}{40}$	$\frac{3}{4}$
11.	— Hospit. u. Armenst.	$\frac{31}{40}$	$1\frac{3}{20}$	$1\frac{1}{16}$
	Summe	100	100	100

Der reine Ertrag enthält nach den vorhergegangenen Berechnungen von dem Totalertrage:

1.	bei den Domainen	37	Prozent.
2.	— — adlichen Gütern	$34\frac{2}{3}$	—
3.	— — Bauer-, Kossäten- ꝛc. Gütern	$24\frac{4}{5}$	—
4.	— — Freigütern auf dem platten Lande	25	—
5.	— — städtischen Eigenthümern	34	—
6.	— — Kämmereigütern	$31\frac{7}{10}$	—
7.	— — Gütern der Stifter und Klöster	27	—
8.	— — — — Kirchen	18	—
9.	— — — — Prediger	$35\frac{1}{3}$	—
10.	— — — — Schullehrer	28	—
11.	— — — — Hospitäler und Armenstiftungen	29	—

Resultate aus dieser Tabelle.

Den höchsten reinen Ertrag geben die Domainen.

Gründe, welche die Behörden angeben:

1) Weil sie von wohlhabenden Pächtern bewirthschaftet werden, welche auf lange Perioden gepachtet haben.

2) Weil sie von verschiedenen andern Grundstücken Zehent in natura genießen, von welchem die Anschläge immer gering sind und wobei vorzüglich das Stroh zu gering berechnet wird.

Den niedrigsten reinen Ertrag geben die Grundstücke der Kirchen.

Gründe, welche die Behörden angeben:

1) Weil die Benutzung derselben einer gehörigen Kontrolle nicht unterworfen ist ꝛc.

Verhältniß des Viehstandes zur Größe der nutzbaren Grundstücke:

Auf	55	Morgen	kömmt	1 Pferd.
—	237	—	—	1 Ochse.
—	$50\frac{1}{16}$	—	—	1 Kuh.
—	$121\frac{1}{6}$	—	—	1 Stück Jungvieh.
—	16	—	—	1 Schaf.
—	$66\frac{3}{4}$	—	—	1 Schwein.
—	$149\frac{3}{5}$	—	—	1 Bienenstock.

Verhältniß nach den stärksten Klassen der Grundbesitzer:

1.	Bei den Domainen kömmt auf	$49\frac{1}{3}$	Morgen 1 Kuh.
2.	— — adlichen Gütern . .	$45\frac{1}{4}$	— — —
3.	— — Bauer- und Kossätengütern	$50\frac{3}{7}$	— — —
	ꝛc. ꝛc. ꝛc.		
1.	Bei den Domainen kömmt auf	$9\frac{7}{8}$	Morgen 1 Schaf.
2.	— — adlichen Gütern . .	$9\frac{1}{5}$	— — —
3.	— — Bauer- und Kossätengütern	$53\frac{1}{3}$	— — —
	ꝛc. ꝛc. ꝛc.		

Werth des landwirthschaftlichen Inventariums.

I. Lebendes:

A. Pferde; davon gehören

zur 1sten Klasse,	tarirt 100 Rthlr. und drüber,	5217	. .	561,890	Rthlr.
— 2ten —	— 70 bis 100 Rthlr. .	7591	. .	611,560	—
— 3ten —	— 50 — 70 — .	14367	. .	859,256	—
— 4ten —	— 40 — 50 — .	45801	. .	2,103,427	—
— 5ten —	— 30 — 40 — .	31312	. .	1,117,940	—
— 6ten —	— unter 30 — .	25239	. .	523,670	—
		129527	. .	5,777,743	Rthlr.

B. Joh-

B.	Fohlen; davon gehören			
	zur 1sten Klasse,	taxirt 30 bis 40 Rthlr.	627 . .	22,370 Rthlr.
	— 2ten —	— 25 — 30 —	1,895 . .	53,270 —
	— 3ten —	— 20 — 25 —	3,576 . .	78,984 —
	— 4ten —	— 15 — 20 —	9,895 . .	182,110 —
	— 5ten —	— unter 15 —	7,238 . .	76,560 —
			23,231	413,294 Rthlr.
C.	Esel; davon gehören			
	zur 1sten Klasse,	taxirt 10 Rthlr.	914 . .	9,140 Rthlr.
	— 2ten —	— 5 bis 10 Rthlr.	612 . .	4,276 —
			1,526	13,416 Rthlr.
D.	Ochsen und Bullen; davon gehören *)			
	zur 1sten Klasse,	taxirt über 40 Rthlr.	1,821 . .	87,825 Rthlr.
	— 2ten —	— 30 bis 40 Rthlr.	3,756 . .	129,776 —
	— 3ten —	— 20 — 30 —	8,291 . .	218,500 —
	— 4ten —	— 15 — 20 —	14,365 . .	265,652 —
	— 5ten —	— unter 15 —	7,196 . .	79,420 —
			35,429	781,173 Rthlr.
E.	Kühe; davon gehören			
	zur 1sten Klasse,	taxirt über 30 Rthlr.	11,307 . .	379,827 Rthlr.
	— 2ten —	— 25 bis 30 Rthlr.	37,816 . .	984,756 —
	— 3ten —	— 20 — 25 —	59,723 . .	1,427,630 —
	— 4ten —	— 15 — 20 —	42,317 . .	731,875 —
	— 5ten —	— unter 15 —	16,759 . .	187,292 —
			167,922	3,711,380 Rthlr.
F.	Jungvieh; davon gehören			
	zur 1sten Klasse,	taxirt über 10 Rthlr.	21,524 . .	268,327 Rthlr.
	— 2ten —	— 5 bis 10 Rthlr.	29,672 . .	209,870 —
	— 3ten —	— unter 5 —	18,169 . .	72,365 —
			69,365	550,562 Rthlr.

*) Von den Pferden gehören nicht zur Landwirthschaft diejenigen, welche theils zum Militär, theils in den Städten zu andern Geschäften gebraucht werden;
die Zahl derselben ist in dieser Provinz . . . . 18,567 Stück.
die Zahl der Fohlen, welche ebenfalls hier abgehen, ist 1,817 —
die Zahl der Esel . . . . 218 —
die Zahl der Ochsen . . . . 215 — Der Kapitalwerth aller dieser Stücke ist zu 968,350 Rthlr. berechnet.

G. Ziegen; davon gehören			
zur 1sten Klasse, taxirt über 5 Rthlr.	1,356	. .	7,378 Rthlr.
— 2ten — — 3 bis 5 Rthlr.	5,521	. .	25,870 —
— 3ten — — unter 3 —	1,872	. .	4,811 —
	8,729		38,059 Rthlr.
H. Schafe und Lämmer; davon gehören			
zur 1sten Klasse, taxirt über 10 Rthlr.	33,227	. .	411,218 Rthlr.
— 2ten — — 8 bis 10 —	41,656	. .	372,816 —
— 3ten — — 5 — 8 —	78,919	. .	481,524 —
— 4ten — — 3 — 5 —	284,022	. .	1,117,092 —
— 5ten — — unter 3 —	85,803	. .	154,274 —
	523,627		2,536,924 Rthlr.
I. Schweine; davon gehören			
zur 1sten Klasse, taxirt über 15 Rthlr.	2,327	. .	37,996 Rthlr.
— 2ten — — 12 bis 15 Rthlr.	5,891	. .	77,852 —
— 3ten — — 8 — 12 —	8,270	. .	81,616 —
— 4ten — — 4 — 8 —	52,976	. .	314,125 —
— 5ten — — unter 4 —	56,506	. .	152,307 —
	125,970		663,896 Rthlr.
K. Bienenstöcke; davon sind gerechnet			
zur 1sten Klasse, taxirt zu 5 Rthlr.	16,976	. .	84,880 Rthlr.
— 2ten — — — 2 bis 5 Rthlr.	26,901	. .	87,630 —
	43,877		172,510 Rthlr.

Der Kapitalwerth des ganzen lebenden Inventariums ist 14,658,957 Rthlr.

Wenn davon das oben angegebene, nicht zum landwirthschaftlichen Gebrauch bestimmte, Kapital von 968,350 Rthlrn.*) abgezogen wird, so bleibt für die 11 angegebenen Klassen die Summe von 13,690,607 Rthlr.

Nach Ausweisung der Spezialaufnahme beträgt von dieser Summe der Antheil:

1) der Domainen	3,179,160	Rthlr. oder	23⅓	Prozent des Ganzen.
2) — adlichen Güter . . .	3,488,015	— —	25⅓	— — —
3) — Bauern, Kossäten ꝛc. . .	4,263,085	— —	31⅛	— — —
Latus	10,930,260	— —	79⅚	— — —

*) Die übrig bleibenden 12,410 Bienenstöcke sind gar nicht zum Anschlage gebracht, da ihr Ertrag zu schwankend ist.

	Transport	10,930,260	Rthlr.	oder	$79\frac{5}{6}$	Prozent	des	Ganzen.
4)	der Freigüter ꝛc. . . .	638,521	—	—	$4\frac{2}{3}$	—	—	—
5)	— städtischen Eigenthümer .	1,208,417	—	—	$8\frac{5}{6}$	—	—	—
6)	— Kämmereien . . .	433,675	—	—	$3\frac{1}{6}$	—	—	—
7)	— Stifter und Klöster . .	57,116	—	—	$\frac{5}{12}$	—	—	—
8)	— Kirchen	22,797	—	—	$\frac{1}{6}$	—	—	—
9)	— Prediger	148,521	—	—	$1\frac{1}{12}$	—	—	—
10)	— Schullehrer . . .	102,569	—	—	$\frac{3}{4}$	—	—	—
11)	— Hospitäler und Armenanstalten	148,731	—	—	$1\frac{1}{12}$	—	—	—
	Summe	13,690,607	Rthlr.	oder	100	Prozent.		

Der Kapitalwerth des todten Inventariums ist:

1)	bei den Domainen . . .	846,312	Rthlr.	oder	21	Prozent	des	Ganzen.
2)	— — adlichen Gütern . .	1,138,924	—	—	$28\frac{1}{12}$	—	—	—
3)	— — Bauer-, Kossäten- ꝛc. Gütern	1,094,638	—	—	$27\frac{1}{6}$	—	—	—
4)	— — Freigütern ꝛc. . . .	214,897	—	—	$5\frac{1}{3}$	—	—	—
5)	— — Gütern der städt. Eigenth.	422,311	—	—	$10\frac{5}{12}$	—	—	—
6)	— — Kämmereigütern . . .	147,804	—	—	$3\frac{2}{3}$	—	—	—
7)	— — Gütern der Stifter u. Klöster	13,398	—	—	$\frac{1}{3}$	—	—	—
8)	— — — — Kirchen . .	6,889	—	—	$\frac{1}{6}$	—	—	—
9)	— — — — Prediger .	53,674	—	—	$1\frac{1}{3}$	—	—	—
10)	— — — — Schullehrer .	34,811	—	—	$\frac{3}{4}$	—	—	—
11)	— — Hospital- und Armengütern	67,308	—	—	$1\frac{7}{12}$	—	—	—
	Summe	4,040,966	Rthlr.	oder	100	Prozent.		

Von diesem nicht lebenden Inventarium, als Pflügen, Wagen, Eggen, Haken, Walzen, Sensen, Spaten, Schaufeln, Hacken ꝛc. kann auch die Zahl einzeln angegeben und dann das Verhältniß desselben nach den Grundstücken ausgemittelt werden.

Die landwirthschaftlichen Gebäude, deren Werth auch zu dem todten Inventarium gehört, werden weiter unten zur Taxe gebracht.

Verhältniß des Viehstandes zu der Quantität des kultivirten Landes, in Hinsicht auf dessen Bedüngung.

Von dem vorhandenen Vieh kann an Dünger erwartet werden nach Fudern von 2 tüchtigen Pferden gezogen:

1)	Pferde, Fohlen und Esel; davon sind anzusetzen:			
		57,635	à 15 Fuder jährlich	864,525 Fuder.
		46,219	à 12 — —	554,628 —
		50,430	à 10 — —	504,300 —
2)	Rindvieh; davon sind anzusetzen:			
	Ochsen:	14,257	à 10 Fuder jährlich	142,570 —
		21,172	à 8 — —	169,376 —
	Kühe:	85,892	à 10 — —	858,920 —
		82,030	à 8 — —	656,240 —
	Jungvieh:	69,365	à 5 — —	346,825 —
3)	Schafe und Ziegen:	532,356	à 1 Fuder jährlich . .	532,356 —
				4,629,740 Fuder.
	Zu dieser Hauptsumme wird für Hofmist, wozu auch der Mist von Schweinen, Federvieh ꝛc. gehört, die Hälfte des Ganzen angenommen			2,314,870 —
	so daß die Summe alles gewonnenen Viehdüngers beträgt . .			6,944,610 Fuder.

Nach gemachten Erfahrungen verhalten sich

15 Fuder Schafmist in ihrer Würkung auf den Acker wie
18 — Pferdemist,
20 — Rindviehmist und
25 — Hofmist.

Wenn die ganze Summe des vorhandenen Düngers nach diesem Verhältniß auf Schafmist reduzirt wird, so ergiebt sich folgendes Resultat:

1,923,453	Fuder Pferdemist	sind gleich	1,602,877 Fuder Schafmist.
2,173,931	— Rindviehmist	— —	1,630,448 — —
2,314,870	— Hofmist	— —	1,388,922 — —
	hiezu der Schafmist	. .	532,356 — —
		Summe	4,154,603 Fuder Schafmist.

Da nun ein Morgen Land, das gut gedüngt werden soll, 15 Fuder dergleichen Mist erfordert; so wird die jährlich erzeugte Quantität Dünger hinreichen, 343,640 Morgen zu düngen.

Die Quantität des vorhandenen Acker- und Gartenlandes beträgt 4,154,289 Morgen, es wird daher, wenn alle diese Grundstücke nach und nach zur Düngung kommen sollen, in 12 Jahren sämmtlicher Acker einmal gedüngt, oder es wird jährlich von der gesammten Fläche ein Zwölftheil gedüngt werden können.

Der unter obiger Berechnung nicht begriffene Dünger, als: Kalk, Mergel, Asche, Hornspäne ꝛc., wird auf die zu Wiesen und Mistbeeten nöthige Quantität Dünger gerechnet.

Wenn diese Berechnung auf die einzelnen Klassen der Grundbesitzer angewendet wird, so finden sich folgende Resultate:

	Von der ganzen Acker- und Gartenfläche können jährlich gedüngt werden Prozent:	Man kömmt mit der Bedüngung der ganzen Fläche herum in Jahren:
1) bei den Domainen	16	6 bis 7
2) — — adlichen Gütern	10	10
3) — — Bauer-, Kossäten- ꝛc. Gütern . .	$4\frac{1}{2}$	22 bis 23
4) — — Freigütern	12	8 — 9
5) — — städtischen Eigenthumsgütern . . .	25	4
6) — — — Kämmereigütern . . .	20	5
7) — — Stifts- und Klostergütern . . .	5	20
8) — — Kirchengütern	4	25
9) — — Grundstücken der Prediger	10	10
10) — — — — Schullehrer	12	8 bis 9
11) — — — — Hospitäler und Armenstift.	4	25

Gründe dieser auffallend großen Verschiedenheit:

ꝛc. ꝛc. ꝛc.

Die Rindviehversicherungsgesellschaft.

Ein jeder Landwirth, der Rindvieh hält, muß dieser Gesellschaft beitreten, und erhält nach einer Viehseuche, wenn ihm an dieser Seuche Vieh gestorben, oder wegen dieser Krankheit getödtet worden ist, seinen erlittenen Schaden nach folgender Taxe ersetzt:

In der ersten Sozietät ist der Ochse zu 12 Rthlr.
die Kuh — 8 —
das Stück Jungvieh — 3 Rthlr. angeschlagen.

In der 2ten, 3ten und 4ten Sozietät ist der Ochse zu 10 Rthlr.
die Kuh — 6 —
das Stück Jungvieh — 3 Rthlr. angeschlagen.

Wenn durch Feuer Rindvieh verloren geht, so wird es aus dieser Kasse ebenfalls vergütet, jedoch nur mit der Hälfte der angenommenen Taxe, indem solcher Schaden nicht Theurung dieser Viehart bewirkt, welches in der Regel die Folge einer Viehseuche ist.

Im Jahre 1800 war der zu ersetzende Schaden	4,856	Rthlr.
— — 1801 — — — — —	0	—
— — 1802 — — — — —	327	—
— — 1803 — — — — —	0	—
— — 1804 — — — — —	8,763	—
— — 1805 — — — — —	114	—
Summe	14,060	Rthlr.

Die ganze Summe der angenommenen Taxe des in den 4 Sozietäten versicherten Viehes ist 1,423,000 Rthlr. Der Schade, der also hier durch die Viehseuchen angerichtet wird, ist nach dieser Taxe (2,343 Rthlr.) $\frac{7}{40}$ Prozent.

Die Hagelschadenversicherungsgesellschaft.

Sie ist eine freiwillige Sozietät, welcher bis jetzt nur die Landwirthe, die ein Gut von 3000 Rthlr. an Werth oder drüber besitzen, beitreten können; ein jeder giebt seine Aussaat auf Roggen reduzirt an, so daß $1\frac{1}{4}$ Scheffel Gerste oder $2\frac{1}{2}$ Scheffel Hafer für einen Scheffel Roggen angenommen werden und der Besitzer kann den Scheffel zu 2 bis 6 Rthlr. versichern lassen. Diese Versicherungssummen sind in ein Lagerbuch eingetragen und bei vorkommendem Schaden wird die zu ersetzende Summe von allen Theilnehmern verhältnißmäßig bezahlt.

Der zu ersetzende Schaden betrug im Jahre 1800	827	Rthlr.
— — 1801	1415	—
— — 1802	712	—
— — 1803	0	—
— — 1804	1921	—
— — 1805	814	—
Summe	5689	Rthlr.

In dem Lagerbuche sind 639 Mitglieder verzeichnet mit einer Aussaat von 28317 Scheffel Roggen; diese ist versichert zu 132,870 Rthlr. Der jährliche Beitrag ist nach dem Durchschnitt der letzten 6 Jahre gewesen 948 Rthlr., so daß also von den Theilnehmern jährlich $\frac{7}{10}$ Prozent der ganzen Versicherungssumme gezahlt werden mußte.

Zweites Kapitel.

Menschen.

Die Zahl der Einwohner in der ganzen Provinz ist: 867,258. Auf jeder Quadratmeile leben also 2168 Menschen.

Die Zahl der Häuser ist 103,537; es kommen also auf jedes Haus $8\frac{3}{10}$ Menschen.

Die Zahl der einzelnen Familienwohnungen ist 156,328, so daß auf jede $5\frac{8}{15}$ Menschen kommen.

In den Städten ist die Zahl der Menschen 281,395,
die Zahl der Häuser 34,527,
auf jedes Haus also $8\frac{1}{7}$ Menschen.

Auf dem Lande ist die Zahl der Menschen 585,863,
die Zahl der Häuser 69,010,
auf jedes Haus also $8\frac{1}{2}$ Menschen.

Die Zahl der einzelnen Familienwohnungen ist in den Städten 55,796,
auf dem Lande 100,532; so daß in den Städten $5\frac{1}{27}$ und auf dem Lande $5\frac{4}{5}$ Menschen in einer Familienwohnung (sonst Feuerstelle genannt) sich befinden.

Unter den Einwohnern sind zum männlichen Geschlecht gehörig:	433,065
zum weiblichen . . .	434,193
Summe	867,258

davon waren in den Städten	139,238	männlichen,
	142,157	weiblichen Geschlechts;
auf dem Lande	293,827	männlichen,
	292,036	weiblichen Geschlechts.

Das männliche Geschlecht verhält sich gegen das weibliche:

in der ganzen Provinz wie	$99\frac{3}{5}$	zu	100
in den Städten . .	98	—	100
auf dem Lande . .	100	—	$99\frac{2}{5}$

I. Männliche Einwohner.

A. In den Städten:

Verheirathete Männer mit eignem Heerd	33,715
— — ohne — —	1,036
Wittwer mit eignem Heerd	2,357
— ohne — —	819
Unverheirathete Mannspersonen über 20 Jahr mit eignem Heerd	7,425
dergleichen ohne eignen Heerd	24,217
Unverheirathete Mannspersonen zwischen 10 und 20 Jahren .	23,518
Knaben unter 10 Jahren	46,151
Summe	139,238

B. Auf dem Lande:

Verheirathete Männer mit eignem Heerd	77,810
— — ohne — —	3,736
Wittwer mit eignem Heerd	3,327
— ohne — —	6,186
Unverheirathete Mannspersonen über 20 Jahr mit eignem Heerd	6,899
dergleichen ohne eignen Heerd	51,315
Unverheirathete Mannspersonen zwischen 10 und 20 Jahren .	49,216
Knaben unter 10 Jahren	95,338
Summe	293,827

II. Weibliche Einwohner.

A. In den Städten:

Verheirathete Frauen	34,751
Wittwen mit eignem Heerd	936
— ohne — —	3,615
Unverheirathete Frauenspersonen über 20 Jahr mit eignem Heerd	1,522
dergleichen ohne eignen Heerd	31,995
Unverheirathete Frauenspersonen zwischen 10 und 20 Jahren .	21,645
Mädchen unter 10 Jahren	47,693
Summe	142,157

B. Auf dem Lande:

Verheirathete Frauen	81,546
Wittwen mit eignem Heerd	1,135
Latus	82,681

Witt=

Transport	82,681
Wittwen ohne eignen Heerd	8,212
Unverheirathete Frauenspersonen über 20 Jahr mit eignem Heerd	2,377
dergleichen ohne eignen Heerd	61,594
Unverheirathete Frauenspersonen zwischen 10 und 20 Jahren .	48,927
Mädchen unter 10 Jahren	88,245
Summe	292,036

Eintheilung der Menschen nach nazionalökonomischen Grundsätzen:

		Personen.		Mit Familien ꝛc.
1.	Zur produzirenden *) Klasse allein gehören	167,283	. .	537,738
2.	— industriösen — — —	42,337	. .	137,811
3.	— besoldeten — — —	6,526	. .	25,691
4.	— produzirenden und industriösen zugleich	25,373	. .	94,216
5.	— produzirenden und besoldeten zugleich .	4,112	. .	21,530
6.	— industriösen und besoldeten zugleich .	11,827	. .	47,885
7.	— allen drei Klassen zugleich .	933	. .	2,387
	Summe	258,391	. .	867,258

Um die 4 letzten Klassen sämmtlich auf die 3 Hauptklassen zu bringen, ist bei jeder speziellen Aufnahme bestimmt, um wie hoch der Antheil angenommen werden kann, mit welchem ein jeder bei einer der drei ersten Klassen anzunehmen ist, und nach geschehener Ausgleichung ergeben sich folgende Resultate:

1.	Zur produzirenden Klasse	179,657	Personen	. .	586,888	mit Familien ꝛc.
2.	— industriösen —	62,972	—	. .	220,382	— —
3.	— besoldeten —	15,762	—	. .	59,988	— —
	Summe	258,391	Personen	. .	867,258	mit Familien ꝛc.

Unterabtheilungen.

A. Produzirende Klasse.

	Personen.		Mit Familien ꝛc.
1) Besitzer von Gütern mit adlichen Rechten:			
a) die ihre Güter selbst bewirthschaften . .	837	. .	3,071
b) die sie verpachtet haben	488	. .	1,721
Latus	1,325	. .	4,792

*) Diese Benennung wird immer in ihrer engern Bedeutung gebraucht, so daß nur die Personen darunter verstanden werden, welche an der Hervorbringung roher Produkte oder materieller Güter arbeiten.

	Personen.	Mit Familien ꝛc.
Transport	1,325 . .	4,792
2) Besitzer von Freigütern, die keine Grundherrschaft haben, unmittelbar unter der Landesregierung stehen, aber nicht adliche Rechte besitzen . .	2,021 . .	8,210
3) Besitzer von bäuerlichen Gütern, die unter einer Grundherrschaft stehen, aber völliges Eigenthumsrecht haben:		
a) von 300 Morgen und drüber . .	135 . .	617
b) — 270 bis 300 Morgen excl. . .	218 . .	1,025
c) — 240 — 270 — — . .	275 . .	1,059
d) — 210 — 240 — — . .	884 . .	3,717
e) — 180 — 210 — — . .	1,017 . .	4,454
f) — 150 — 180 — — . .	1,739 . .	5,916
g) — 120 — 150 — — . .	2,871 . .	11,505
h) — 90 — 120 — — . .	6,509 . .	30,381
i) — 60 — 90 — — . .	4,801 . .	21,861
k) — 45 — 60 — — . .	6,329 . .	27,716
l) — 30 — 45 — — . .	8,117 . .	34,541
m) — 20 — 30 — — . .	16,335 . .	52,756
n) — 15 — 20 — — . .	9,115 . .	39,391
o) — 10 — 15 — — . .	10,885 . .	40,160
p) — 5 — 10 — — . .	12,356 . .	45,915
q) — 3 — 5 — — . .	18,693 . .	51,112
4) Pächter:		
a) welche Güter von mehr als 4000 Morgen verwalten	18 . .	63
b) welche Güter von mehr als 3000 Morg. verwalten	51 . .	217
c) — — — — 2000 — —	152 . .	736
d) — — — — 1500 — —	117 . .	524
e) — — — — 1000 — —	139 . .	553
f) — — — — 800 — —	89 . .	401
g) — — — — 600 — —	71 . .	315
h) — — — — 500 — —	83 . .	398
i) — — — 500 Morgen und weniger verwalten	64 . .	301
Latus	104,909 . .	388,636

	Personen.		Mit Familien 2c.
Transport	104,909	. .	388,636
5) Verwalter und Gehülfen bei Gutsbesitzern und Pächtern	2,529	. .	9,817
6) Handarbeiter bei der Landwirthschaft, welche 3 Morgen oder weniger Grundstücke bei ihren Häusern besitzen	17,271	. .	68,465
7) Handarbeiter, Instleute, Einlieger 2c., welche gar keine Grundstücke besitzen . . .	19,502	. .	65,318
8) Fischer	617	. .	2,529
9) Hirten und Schäfer	3,517	. .	15,807
10) Knechte und Mägde bei Landwirthschaften	31,312	. .	36,316
Summe	179,657	. .	586,888

B. Industriöse Klasse.

a) Handwerker, Fabrikanten und Künstler.

Anm. Meister, Gesellen und Lehrlinge sind hier in eine Klasse gesetzt, in der Summe am Ende aber getrennt; die Trennung im Einzelnen macht bei Berechnungen die Resultate zu unsicher, da bei manchen Gewerben der Meister gar nicht arbeitet, sondern bloß die Aufsicht führt, bei andern aber eben so viel und oft mehr als ein Geselle arbeitet; eben so werden die Lehrlinge zuweilen, wenigstens im Anfange, bloß als Dienstboten gebraucht, zuweilen aber sind sie eben so gut arbeitende Glieder, als die Gesellen.

Namen der Gewerbe treibenden.	Zahl derselben im Ganzen.	Von der ganzen Volkszahl ist also einer von dem genannten Gewerbe zu rechnen auf	Summe der in der ersten Kolonne angegebenen Klasse mit Familie und Zubehör.
1. Schuhmacher	7949	109	28730
2. Schneider	7164	121	26917
3. Tagelöhner	5116	169	16256
4. Schmiede	4816	180	16927
5. Müller	4611	188	17014
6. Bäcker	2738	314	9586
Latus	32394	. . .	115430

	Namen der Gewerbe treibenden.	Zahl derselben im Ganzen.	Von der ganzen Volkszahl ist also einer von dem genannten Gewerbe zu rechnen auf	Summe der in der ersten Kolonne angegebenen Klasse mit Familie und Zubehör.
	Transport	32394	. . .	115430
7.	Fleischer	2069	419	7265
8.	Tischler	2044	424	7194
9.	Zimmermänner	1922	451	6316
10.	Stell- und Rademacher	1564	554	4909
11.	mehrere Gewerbe treibende	1465	591	4317
12.	Böttcher	1276	679	4056
13.	Maurer	1082	801	3621
14.	Wollspinner	936	926	3116
15.	Kürschner	860	1008	3059
16.	Leinweber	816	1062	2982
17.	Riemer, Sattler und Täschner	614	1410	2271
18.	Tuchmacher und Tuchbereiter	587	1477	2005
19.	Drechsler	475	1821	1836
20.	Musikanten	452	1914	1675
21.	Bader und Barbierer	446	1944	1515
22.	Baumwollweber	437	1984	1092
23.	Eisenarbeiter	371	2337	1264
24.	Seiler	357	2429	1151
25.	Perückenmacher und Friseur	331	2617	1095
26.	Hutmacher	278	3110	805
27.	Branntweinbrenner	258	3361	801
28.	Färber	227	3816	715
29.	Holzwaarenmacher	217	3996	732
30.	Klempner	216	4015	715
31.	Seidenweber	214	4052	662
32.	Gerber	213	4071	645
33.	Matrosen	210	4128	602
34.	Strumpfweber	192	4516	626
35.	Wollweber	187	4637	525
36.	Glaser	185	4687	609
37.	Hüttenarbeiter	185	4687	507
38.	Schreiber	182	4765	419
39.	Brauer	182	4765	608
	Latus	53444	. . .	185140

Namen der Gewerbe treibenden.	Zahl derselben im Ganzen.	Von der ganzen Volkszahl ist also einer von dem genannten Gewerbe zu rechnen auf	Summe der in der ersten Kolonne angegebenen Klasse mit Familie und Zubehör.
Transport	53444	. . .	185140
40. Buchbinder	169	5102	511
41. Töpfer	164	5288	504
42. Frachtfuhrleute	164	5288	517
43. Seifensieder	155	5595	494
44. Chirurgen	135	6424	478
45. Knopfmacher	132	6520	461
46. Schornsteinfeger	132	6520	456
47. Aerzte	128	6775	427
48. Handschuhmacher	128	6775	401
49. Kupfer= rc. Drucker . . .	127	6828	452
50. Bildhauer	125	6938	421
51. Ziegel= und Schieferdecker . .	123	7050	464
52. Schlosser	114	7667	449
53. Gemischte Zeuchweber . . .	114	7667	432
54. Gastwirthe	114	7667	438
55. Hebammen	114	7667	416
56. Stärkemacher	112	7743	412
57. Bürstenmacher	112	7743	404
58. Gärtner	95	9129	385
59. Tabaksspinner	95	9129	367
60. Kupferschmiede	94	9226	356
61. Brunnengräber	93	9325	324
62. Leinwandbleicher	88	9855	317
63. Spitzenmacher	86	10084	302
64. Gürtler	85	10203	325
65. Kohlenbrenner	84	10324	300
66. Nadler	84	10324	316
67. Kesselflicker	82	10576	304
68. Schiffbauer	79	10977	327
69. Korbmacher	73	11880	291
70. Apotheker	63	13766	276
71. Steinbrecher	61	14217	275
72. Schiffer	61	14217	260
Latus	57029	. . .	198002

Namen der Gewerbe treibenden.		Zahl derselben im Ganzen.	Von der ganzen Volkszahl ist also einer von dem genannten Gewerbe zu rechnen auf	Summe der in der ersten Kolonne angegebenen Klasse mit Familie und Zubehör.
	Transport	57029	. . .	198002
73.	Buchdrucker	58	14952	263
74.	Posamentirer	58	14952	205
75.	Steinmetzer	58	14952	253
76.	Zwirnmacher	58	14952	242
77.	Maler	55	15767	218
78.	Stahlarbeiter	54	16060	247
79.	Bergleute	53	16363	230
80.	Salpetersieder	52	16678	228
81.	Lohnkutscher	52	16678	208
82.	Ziegelstreicher	48	18069	192
83.	Blechschläger	46	18853	176
84.	Glasmacher	46	18853	136
85.	Oehlschläger	46	18853	145
86.	Uhrmacher	43	20168	143
87.	Todtengräber	42	20649	151
88.	Feldmesser	41	21152	106
89.	Zinngießer	41	21152	132
90.	Lumpensammler	38	22822	141
91.	Blattbinder	35	24778	135
92.	Schauspieler	35	24778	121
93.	Kupferstecher	34	25801	119
94.	Roth- und Gelbgießer	34	25801	126
95.	Kartenmacher	32	27101	111
96.	Hechelmacher	31	27976	107
97.	Köche	31	27976	101
98.	Kammmacher	29	29905	103
99.	Scharfrichter	28	30973	100
100.	Scheerenschleifer	27	32120	91
101.	Feilenhauer	26	33356	88
102.	Büchsenmacher	25	34690	91
103.	Pergamentmacher	25	34690	83
104.	Pfeifenmacher	25	34690	82
105.	Siebmacher	23	37706	87
	Latus	58403	. . .	202942

Namen der Gewerbe treibenden.	Zahl derselben im Ganzen.	Von der ganzen Volkszahl ist also einer von dem genannten Gewerbe zu rechnen auf	Summe der in der ersten Kolonne angegebenen Klasse mit Familie und Zubehör.
Transport	56[illegible]3	. . .	202942
106. Honigkuchenmacher . .	22	39420	83
107. Goldarbeiter . . .	21	41298	80
108. Schindelmacher . .	21	41298	71
109. Theerbrenner . . .	20	43362	72
110. Formenmacher . .	18	48181	70
111. Beckenschläger . .	17	51015	66
112. Orgelbauer . . .	16	54203	58
113. Schwerdtfeger . .	16	54203	50
114. Viehschneider . . .	15	57817	52
115. Petschierstecher . .	14	61947	49
116. Glasschleifer . . .	13	66712	41
117. Schleifer . . .	12	72271	32
118. Rattenfänger . . .	9	96450	25
Summe	58617	. . .	203691

Von der ersten Summe betrug die Zahl der Meister und Herren 13965
— — — Handwerksgesellen 11517
— — — Lehrlinge . . 9835

b) Handeltreibende:

Namen der Gewerbe treibenden.	Zahl derselben im Ganzen.	Von der ganzen Volkszahl ist also einer von dem genannten Gewerbe zu rechnen auf	Summe der in der ersten Kolonne angegebenen Klasse mit Familie und Zubehör.
1. Höker	1127	769	4076
2. Trödler	876	990	3427
3. Krämer, Materialhändler .	727	1192	3086
4. Viktualienhändler . .	423	2050	1811
Latus	3153	. . .	12400

Namen der Gewerbe treibenden.	Zahl derselben im Ganzen.	Von der ganzen Volkszahl ist also einer von dem genannten Gewerbe zu rechnen auf	Summe der in der ersten Kolonne angegebenen Klasse mit Familie und Zubehör.
Transport	3153	. . .	12400
5. Holzhändler	148	5859	582
6. Getreidehändler . .	139	6239	541
7. Eisenhändler . . .	109	7956	456
8. Viehhändler	66	13140	268
9. Flachs- und Garnhändler .	52	16678	227
10. Grossisten und Banquiers .	27	32120	136
11. Buchhändler	21	41298	104
12. Galanteriewaarenhändler .	20	43362	93
Summe	3735	. . .	14807

Von der ersten Summe betrug die Zahl der Handelsherren rc. . . 1123
— — — Kauf- und Handelsdiener 897
— — — Kauf- und Handelsbursche 614

c) Schriftsteller, Gelehrte und der unbesoldete Lehrstand:
Zahl derselben im Ganzen: 620; mit Familien rc. 1884.
Summe der sämmtlichen industriösen Klassen:
62,972 arbeitende Personen; mit Familien und Gesinde 220,382 Menschen.

C. Besoldete Klasse.

I. Arbeitende Stände.

A. Der Militairstand *):

	Personen.	Mit Familien rc.
1) Offiziers	205 .	1217
2) Unteroffiziers	440 .	2416
3) Gemeine	5640 .	19925
4) andere dazu gehörende Personen . . .	578 .	2937
Latus	6863 .	26495

B. Der

*) Nehmlich 3 Infanterieregimenter, à 56 Offiziere, 120 Unteroffiziere und 1600 Gemeine.
und 1 Kavallerieregiment, à 37 — 80 — — 840 —

	Personen.	Mit Familien rc.
Transport	6863	26495
B. Der Zivilstand.		
1) Offizianten, die mit den ökonomischen und physischen Verhältnissen der Nazion beschäftigt sind.		
a) Unmittelbare Staatsoffizianten:		
a) Zu dem politischen und eigentlichen Regierungsfach gehörende	85	495
b) Zu dem Finanzfach gehörende . .	596	3537
c) — — Polizeifach — . .	820	6045
d) — — Justizfach — . .	448	2707
b) Mittelbare, Magistrats- u. andere Offizianten:		
a) Vom Polizeifach	125	1029
b) — Justizfach	116	984
2) Offizianten, die mit den moralischen und intellektuellen Verhältnissen der Nazion beschäftigt sind:		
a) Kirchen- und Schulinspektoren als solche .	28	167
b) Schullehrer bei gelehrten Schulen . .	165	742
c) — — Bürgerschulen *) . .	454	2499
d) — — Elementarschulen . .	1270	5356
3) Offizianten für den Religionskultus:		
a) Protestantische Prediger	353	2027
b) Katholische Geistlichkeit, vom Bischof bis zum Weltpriester	676	1238
c) Kirchendiener	314	1764
II. Nicht arbeitende Stände.		
A. Unmittelbare:		
1) Domherrn und Kanonizi	57	262
2) Katholisch-geistliche Pfründen ohne Arbeit . .	42	135
3) Mönche und Nonnen ohne Arbeit . .	268	357
Latus	12660	55230

*) Da häufig Geistliche und Kirchendiener auch den Unterricht der Jugend besorgen, so wird dies bei dieser Rechnung kompensirt, so daß z. B. 2 Geistliche, welche beide zum Theil den Religionskultus, zum Theil den Unterricht der Jugend besorgen, für einen Schullehrer und einen Geistlichen angenommen werden.

**) Die arbeitenden findet man im sechsten Kapitel.

	Personen.		Mit Familien ꝛc.
Transport	12660	.	55230
4) Pensionirte, nicht arbeitende Offizianten . .	337	.	1491
5) Hospitaliten und ohne Arbeit versorgte Armen .	1316	.	1438
B. Mittelbare:			
1) Geldkapitalisten, welche von Zinsen leben . .	84	.	432
2) Die durch die Kommunen durch festgesetzte Beiträge versorgten Armen	1365	.	1397
Summe	15762	.	59988

Unter den Dienstboten in allen Klassen gehörten zur persönlichen Bequemlichkeit und zum Luxus 1472 männliche und 3851 weibliche Personen.

Die Zahl der adlichen Personen in der ganzen Provinz war 5426

als:	Männer . . .	1539
—	Frauen . . .	1127
—	Söhne	1212
—	Töchter . . .	1305
—	einzelne männliche Personen	104
—	— weibliche —	139
	Summe	5426

Zahl der jetzt lebenden Menschen nach dem Alter:

		männlich.		weiblich.		Summe.
1.	Säuglinge unter 1 Jahr alt . .	21517	.	20865	.	42382
2.	Kinder über 1 bis 7 Jahr alt . .	43028	.	42599	.	85627
3.	Menschen über 7 — 15 Jahr alt incl.	69626	.	70156	.	139782
4.	— — 15 — 20 — — —	82782	.	82539	.	165321
5.	— — 20 — 25 — — —	34812	.	35069	.	69881
6.	— — 25 — 30 — — —	28729	.	28781	.	57510
7.	— — 30 — 35 — — —	23804	.	24510	.	48314
8.	— — 35 — 40 — — —	21017	.	21105	.	42122
9.	— — 40 — 45 — — —	19280	.	19245	.	38525
10.	— — 45 — 50 — — —	16582	.	16669	.	33251
11.	— — 50 — 55 — — —	16332	.	16485	.	32817
	Latus	377509	.	378023	.	755532

		männlich.		weiblich.		Summe.
	Transport	377509	.	378023	.	755532
12.	Menschen über 55 bis 60 Jahr alt incl. .	15376	.	16036	.	31912
13.	— — 60 — 65 — — — .	11089	.	11227	.	22316
14.	— — 65 — 70 — — — .	9172	.	9217	.	18389
15.	— — 70 — 75 — — — .	6686	.	6825	.	13511
16.	— — 75 — 80 — — — .	5089	.	5125	.	10214
17.	— — 80 — 85 — — — .	3581	.	3626	.	7207
18.	— — 85 — 90 — — — .	2917	.	2944	.	5861
19.	— — 90 Jahr alt . . .	1146	.	1170	.	2316
	Summe	433065	.	434193	.	867258

Resultate:

Die Hälfte aller lebenden Menschen ist unter 20 Jahr alt.
Ein Viertel aller lebenden Menschen ist über 40 — —
Ein Sechstheil aller lebenden Menschen ist über 50 — —
Ein Zwölftheil — — — — — 60 — —

Zahl der getraueten Paare in den letzten 6 Jahren.

		Auf dem Lande.		In den Städten.		Summe.
Im Jahre 1800	.	5850	.	2166	.	8016
— — 1801	.	5638	.	2315	.	7953
— — 1802	.	5928	.	2433	.	8361
— — 1803	.	5495	.	2330	.	7825
— — 1804	.	5657	.	2337	.	7994
— — 1805	.	5868	.	2249	.	8117
Summe in 6 Jahren		34436	.	13830	.	48266
Mittelzahl auf ein Jahr*		5739	.	2305	.	8044

auf 107 lebende Menschen kommt eine neu geschlossene Ehe.

Zahl der Gebohrnen in den letzten 6 Jahren.

	Auf dem Lande.	In den Städten.	Summe.
Im Jahre 1800	23436	8461	31897
— — 1801	23921	8192	32113
— — 1802	22408	7409	29817
— — 1803	24316	9254	33570
— — 1804	23289	8038	31327
— — 1805	23614	8481	32095
Summe	140984	49835	190819

Nach dem Geschlecht:

	männlich.	weiblich.	Summe.
Im Jahre 1800	16161	15736	31897
— — 1801	16317	15796	32113
— — 1802	15004	14813	29817
— — 1803	16952	16618	33570
— — 1804	15743	15684	31327
— — 1805	16223	15872	32095
Summe	96400	94419	190819

Aussereheliche Geburten in den letzten 6 Jahren.

In den Jahren.	Auf dem Lande. männl.	Auf dem Lande. weibl.	In den Städten. männl.	In den Städten. weibl.	Summe. männl.	Summe. weibl.	Totalsumme.
1800	571	551	385	368	956	919	1875
1801	535	521	361	345	896	866	1762
1802	546	527	371	351	917	878	1795
1803	557	539	362	343	919	882	1801
1804	551	542	368	350	919	892	1811
1805	548	523	364	348	912	871	1783
Summe	3308	3203	2211	2105	5519	5308	10827

Zahl der Gebohrnen nach den einzelnen Monaten in den letzten 6 Jahren.

In dem Monate.	Knaben.	Mädchen.	Summe
Januar . .	8680 .	8545 .	17225
Februar . .	8434 .	8385 .	16819
März . .	7776 .	7725 .	15501
April . .	6994 .	6917 .	13911
Mai . .	8314 .	8256 .	16570
Juni . .	7539 .	7437 .	14976
Juli . .	8166 .	7995 .	15961
August . .	8101 .	7909 .	16010
September .	7881 .	7831 .	15712
Oktober . .	8106 .	8005 .	16111
November .	7933 .	7882 .	15815
Dezember .	7670 .	7632 .	15308
Summe	96400 .	94419 .	190819

Anmerk. Interessanter ist diese Tabelle noch, wenn man 9 Monate zurück rechnet, um die Zeit der Empfängniß bestimmen zu können.

Von der Zahl der Gebohrnen kommen auf

	Knaben.	Mädchen.	Summe.
1) die produzirenden Klassen .	66816 .	65205 .	132021
2) — industriösen — .	23401 .	28034 .	46435
3) — besoldeten — .	6183 .	6180 .	12363
Summe	96400 .	94419 .	190819

Verhaltniß der Menschen in Hinsicht auf Religion.

1) Protestanten . .	524317
2) Katholiken . .	339628
3) Juden	3313
Summe	867258

Resultate.

Das Verhältniß der produzirenden Klassen der Zahl nach gegen das Ganze ist $67\frac{1}{2}$ Prozent.

Das Verhältniß der vorkommenden Geburten in diesen Klassen gegen die ganze Summe der Gebohrnen ist aber . . . . 69 —

Das Verhältniß der industriösen Klassen der Zahl nach gegen das Ganze ist	25½	Prozent.
der Geburten in diesen Klassen gegen die ganze Summe der Gebohrnen	24½	—
Das Verhältniß der besoldeten Klassen der Zahl nach gegen das Ganze ist	7	—
der Geburten in diesen Klassen gegen die ganze Summe der Gebohrnen	6½	—

Bei den Protestanten kommt auf 1485 Menschen 1 Prediger.
— — Katholiken — — 502 — 1 Geistlicher.

Zahl der Gestorbenen in den letzten 6 Jahren.

	Auf dem Lande.	In den Städten.	Summe.
Im Jahre 1800	22140	8458	30598
— — 1801	23894	8317	32211
— — 1802	20750	7475	28225
— — 1803	23962	9156	33118
— — 1804	22735	7821	30556
— — 1805	22909	8372	31371
Summe	136480	49599	186079

Nach dem Geschlecht:

	männlich.	weiblich.	Summe.
Im Jahre 1800	15821	14777	30598
— — 1801	16228	15983	32211
— — 1802	14217	14008	28225
— — 1803	16582	16536	33118
— — 1804	15312	15244	30556
— — 1805	15749	15622	31371
Summe	93909	92170	186079

Von der Zahl der Gestorbenen kommen auf

	männlich.	weiblich.	Summe.
1. die produzirenden Klassen	63580	62236	125816
2. — industriösen —	23809	23518	47327
3. — besoldeten —	6520	6416	12936
Summe	93909	92170	186079

In den produzirenden Klassen waren mehr geboren als gestorben	6205
In den industriösen mehr gestorben als geboren	892
In den besoldeten mehr gestorben als geboren	573
Ueberhaupt mehr geboren als gestorben	4740 Menschen.

In den protestantischen Gemeinen waren		115381	geboren und		111549	gestorben.
— — katholischen	—	—	74712	—	—	73811	—
— — jüdischen	—	—	726	—	—	719	—
		Summe	190819	—	—	186079	—

Die Protestanten hatten sich also in den 6 Jahren auf diesem Wege vermehrt um $\frac{22}{40}$ Prozent.
Die Katholiken um $\frac{21}{80}$ —
— Juden um $\frac{2}{15}$ —

Zählung der lebenden Menschen in den letzten 6 Jahren.

In den Jahren	wurden Menschen gezählt	Die Vermehrung durch Mehrgebohrne betrug	Die Verminderung durch Mehrgestorbene betrug	Die Provinz gewann also durch Einwanderungen	sie verlor durch Auswanderungen
1800	862117	1299	—	370	—
1801	863786	—	98	626	—
1802	864314	1592	—	—	269
1803	865637	452	—	428	—
1804	866517	771	—	—	30
1805	867258	724	—	—	—
	Summe	4838	98	1424	299
		98		299	
		4740		1125	

Die Provinz hatte nach der letzten Zählung 5141 Menschen mehr als im Jahre 1800; von dieser Zahl kommen, nach Abzug der 724 im letzten Jahre Mehrgebohrnen, welche erst im folgenden Jahre zur Berechnung kommen, auf Mehrgebohrne 4016
auf Eingewanderte 1125
Summe 5141

Gestorbene waren in den 6 Jahren nach den Monaten:

	männlich.	weiblich.	Summe.
Im Januar .	7915 .	7824 .	15739
— Februar .	8185 .	8029 .	16214
— März . .	8345 .	8176 .	16521
— April . .	8419 .	8286 .	16705
— Mai . .	8356 .	8245 .	16601
Latus	41220 .	40560 .	81780

	männlich.		weiblich.		Summe.
Transport	41220	.	40560	.	81780
Im Juni . .	8036	.	7868	.	15904
— Juli . .	7811	.	7593	.	15404
— August . .	7489	.	7367	.	14856
— September .	7253	.	7110	.	14363
— Oktober .	7150	.	6985	.	14135
— November .	7351	.	7188	.	14539
— Dezember .	7612	.	7499	.	15111
Summe	93909	.	92170	.	186079

Summe der Gestorbenen nach dem Alter.

Nach den Jahren.	Männlichen Geschlechts.	Weiblichen Geschlechts.	Summe.	Darunter waren außerehelich Gebohrne
Unter 1 Jahr . . .	31749	31423	63172	5399
Ueber 1 bis mit 2 Jahren	6276	6015	12291	1315
— 2 — — 5 —	9226	8967	18193	1821
— 5 — — 10 —	4647	4525	9172	1010
— 10 — — 15 —	2085	1983	4068	416
— 15 — — 20 —	1291	1276	2567	194
— 20 — — 25 —	2236	2189	4425	85
— 25 — — 30 —	2271	2264	4535	37
— 30 — — 35 —	2482	2433	4915	28
— 35 — — 40 —	2296	2231	4527	39
— 40 — — 45 —	2701	2685	5386	45
— 45 — — 50 —	2256	2235	4491	43
— 50 — — 55 —	2671	2648	5319	49
— 55 — — 60 —	2762	2719	5481	51
— 60 — — 65 —	3387	3351	6738	59
— 65 — — 70 —	3682	3561	7243	64
— 70 — — 75 —	4137	4032	8169	75
— 75 — — 80 —	3185	3137	6322	44
— 80 — — 85 —	2656	2626	5282	32
— 85 — — 90 —	1205	1166	2371	16
— 90 — — 95 —	389	395	784	5
— 95 — — 100 —	210	201	411	—
Ueber 100 Jahr . . .	108	109	217	—
Summe	93909	92170	186079	10827

Sum=

Summe der Gestorbenen nach den verschiedenen Krankheiten und Todesarten.

Namen der Krankheiten und Todesarten.	Männlichen Geschlechts.	Weiblichen Geschlechts.	Summe.	Verhältniß zu der ganzen Summe nach Prozenten.
An Entkräftung, Alters wegen	7743	7611	15354	$8\frac{7}{30}$
— den Pocken	7284	7113	14394	$7.^{22}$
Am Stickhusten	5986	5924	11910	6^{15}
Am abzehrenden und schleichenden Fieber .	5835	5761	11596	6^{10}
An Krämpfen	4714	6566	11280	6^{5}
— der Lungensucht	4758	4562	9320	5
Am Schlagfluß	4291	4165	8456	4^{8}
An den Zähnen	3996	3888	7884	4^{7}
— nicht bestimmten Krankheiten . .	3591	3497	7088	3^{24}
Unzeitig und todt geboren . . .	3478	3358	6836	3^{20}
An der Wassersucht	3452	3316	6768	3^{19}
— — Epilepsie	3326	3142	6468	3^{14}
Am Entzündungsfieber	3155	3061	6216	3^{10}
— Stickfluß	3111	2913	6024	3^{7}
An der Engbrüstigkeit	2828	2762	5590	3
— dem Durchfall und der Ruhr . .	2561	2481	5042	2^{11}
— den Würmern	1765	1655	3420	1^{25}
— — Masern und Rötheln	1591	1581	3172	1^{21}
Am Faulfieber	1473	1389	2862	1^{16}
— Scharlachfieber	1421	1389	2810	1^{15}
— Friesel und Fleckfieber	1310	1258	2568	1^{11}
An Unglücksfällen mancher Art . . .	2301	265	2566	1^{11}
— der Windgeschwulst	1296	1263	2559	1^{11}
— — Kolik	1261	1177	2438	1^{9}
Am Nervenfieber	925	1444	2369	1^{8}
An Skropheln &c.	1141	1025	2166	1^{5}
— alten Geschwüren	1058	1008	2066	1^{3}
— den Schwämmen	873	821	1694	0^{27}
Im Kindbette	—	1626	1626	0^{26}
Am kalten Fieber	791	768	1559	0^{25}
— Gallenfieber	738	709	1447	0^{23}
— Blutsturz	672	524	1196	0^{19}
An Leibesverstopfung	653	533	1186	0^{19}
Latus	89482	88455	177937	$95\frac{21}{30}$

Namen der Krankheiten und Todesarten.	Männlichen Geschlechts.	Weiblichen Geschlechts.	Summe.	Verhältniß zu der ganzen Summe nach Prozenten.
Transport	89482	88455	177937	$95\frac{21}{30}$
An der Gicht	712	413	1125	0^{18}
— — Bräune	556	445	1001	0^{16}
Bei der Niederkunft	—	879	879	0^{14}
An der Gelbsucht	385	306	691	0^{11}
— — englischen Krankheit	362	267	629	0^{10}
Am kalten Brande	354	216	570	0^{9}
An Bruchschäden	386	182	568	0^{9}
Am Wasserkopf	311	247	558	0^{9}
— Krebs	184	137	321	0^{5}
An venerischen Krankheiten	162	94	256	0^{4}
Selbstmörder	139	107	246	0^{4}
An Steinbeschwerden	182	15	197	0^{3}
— Krankheiten der Urinwege	164	26	190	0^{3}
— Melancholie und Wahnsinn . . .	94	91	185	0^{3}
— der goldenen Ader	117	65	182	0^{3}
— — Wasserscheu	72	64	136	0^{2}
— — Knochenfäule	75	54	129	0^{2}
— Knochenbrüchen	76	51	127	0^{2}
— den Folgen chirurgischer Operationen .	45	32	77	0^{1}
Am Scharbock	51	24	75	0^{1}
Summe	93909	92170	186079	100

Zahl der geschiedenen Ehen in den letzten 6 Jahren.

Im Jahre	1800	. .	137
— —	1801	. .	146
— —	1802	. .	119
— —	1803	. .	158
— —	1804	. .	121
— —	1805	. .	135

Summe 816; im Durchschnitt kommen auf ein Jahr 136 Ehescheidungen, oder von den geschlossenen Ehen $1\frac{11}{16}$ Prozent.

Unter der ganzen Menschenzahl sind:

	Männl.	Weibl.	Summe.
Wahnsinnige, die in öffentlichen Anstalten untergebracht sind	135	154	289
Gefangene:			
1) verhaftete Schuldner	83	—	83
2) in Korrektionshäusern	57	38	95
3) Inquisiten	35	42	77
4) Abgeurtheilte Verbrecher in Zuchthäusern und Festungen:			
a) auf weniger als 10 Jahr kondemnirt	27	39	66
b) — 10 Jahr bis Zeitlebens	17	13	30
Summe aller in Verhaft befindlichen Personen			351

Drittes Kapitel.

Gebäude, Mobilien und deren Werth.

Die 95 Städte der Provinz enthalten:

An Wohnhäusern	34527
An nicht bewohnten Häusern und Gebäuden:	
1) Kirchen	172
2) öffentliche Zivilgebäude	485
3) dergleichen Militairgebäude	278
4) Magazine	994
5) Ställe	1071
6) Scheunen	827
7) Wirthschaftsschoppen	393
8) Handelsspeicher, unbewohnte Fabrikgebäude ꝛc.	180
Summe	38927

Sie machen zusammen eine Brandversicherungssozietät aus, von welcher kein Gebäude ausgeschlossen werden darf; alle Städte waren darin versichert mit einer Summe von 87,717,200 Rthlr.

Die Taxen werden von der Obrigkeit auf folgende Art gemacht:

Es wird ausgemittelt

1) wie viel ein jedes Gebäude, wenn es neu aufgebauet werden sollte, kosten würde; diese Summe beträgt hier 111,570,800 Rthlr.

2) wie viel es Werth hat, wenn es jetzt verkauft werden sollte; diese Summe beträgt 63,863,600 Rthlr.

Die Mittelsumme von beiden ist dann der Brandversicherungswerth.

In den letzten 6 Jahren ist folgende Summe zu Deckung der Feuerschäden nöthig gewesen:

Im Jahre	1800	. .	537,824 Rthlr.
— —	1801	. .	621,717 —
— —	1802	. .	95,327 —
— —	1803	. .	282,569 —
— —	1804	. .	317,651 —
— —	1805	. .	261,439 —
	Summe		2,116,527 Rthlr.

Hiervon betrug der durch das Feuer angerichtete Schade .	2,083,841 Rthlr.
Die Verwaltungskosten betrugen	32,686 —
Die im Durchschnitt jährlich aufzubringende Summe ist also	352,755 —

oder $\frac{13}{48}$ Prozent der ganzen Versicherungssumme, und der jährliche Beitrag von 100 Rthlr. Kapitalwerth ist 9 Gr. $7\frac{7}{8}$ Pf.

Um diese Gebäude in dem Stande zu erhalten, in dem sie sich jetzt befinden, sind nach einem durch Erfahrung gefundenen Durchschnitte jährlich $1\frac{2}{3}$ Prozent des Kapitalwerths derselben nöthig, welches 1,859,512 Rthlr. beträgt; so daß also zur Erhaltung aller städtischen Gebäude, in dem Stande in dem sie sich befinden, jährlich 2,212,267 Rthlr. erfordert werden.

Von den städtischen Gebäuden sind 7622 (Scheunen, Ställe ꝛc.) bloß zu landwirthschaftlichem Gebrauch bestimmt, mit dem bei der Sozietät versicherten Werth von 5,964,200 Rthlr.

Das platte Land der Provinz enthält

An Wohnhäusern	69,010
An nicht bewohnten Häusern und Gebäuden:	
1) Kirchen	453
2) öffentliche Zivilgebäude	921
3) dergleichen Militairgebäude	84
Latus	70,468

Transport	70,468
4) Magazine	171
5) Ställe	18,360
6) Scheunen	21,475
7) Wirthschaftsschoppen	9,217
8) Handelsspeicher, unbewohnte Fabrikgebäude ꝛc. .	1,328
überhaupt	121,019

Sie machen zusammen eine Brandversicherungssozietät aus, in welcher alle Gebäude versichert waren mit 95,821,400 Rthlr.

Die Taxe der Gebäude in Hinsicht auf die Kosten des Neubaues beträgt 109,914,800 Rthlr.
in Hinsicht auf den Verkaufswerth . . 81,728,000 —

In den letzten 6 Jahren ist folgende Summe zur Ersetzung der Feuerschäden nöthig gewesen:

Im Jahre	1800	.	568,292 Rthlr.
— —	1801	.	417,570 —
— —	1802	.	731,917 —
— —	1803	.	513,281 —
— —	1804	.	497,370 —
— —	1805	.	732,393 —
	überhaupt		3,450,823 Rthlr.

Hiervon betrug der durch das Feuer angerichtete Schade . 3,371,212 Rthlr.
Die Verwaltungskosten betrugen . 79,611 —

Die im Durchschnitt jährlich aufzubringende Summe ist also 575,137. — oder $\frac{3}{5}$ Prozent der ganzen Versicherungssumme, und der jährliche Beitrag von 100 Rtl. Kapitalwerth war 14 Gr. $4\frac{2}{5}$ Pf.

Um diese Gebäude in dem Stande zu erhalten, in dem sie sich jetzt befinden, sind nach einem durch Erfahrung gefundenen Durchschnitt jährlich $1\frac{1}{2}$ Prozent des Kapitalwerths nöthig, welches 1,648,722 Rthlr. beträgt, so daß also zur Erhaltung aller ländlichen Gebäude in dem Stande, in dem sie sich befinden, jährlich erfordert werden 2,223,859 Rthlr.

Von den Gebäuden auf dem Lande sind 84317 mit dem bei der Sozietät versicherten Werth von 54,385,200 Rthlr. bloß zu landwirthschaftlichem Gebrauch bestimmt, und die Erhaltung dieser Gebäude muß von dem jährlichen Ertrage des Grundes und Bodens unmittelbar bestritten werden.

Feuerlösch-Anstalten.

1. In den Städten sind:

a) Fahrbare Schlauchspritzen .	83	taxirt zu	17,890	Rthlr.
b) — Rohrspritzen . .	237	— —	25,640	—
c) Tragbare Spritzen . .	456	— —	6,360	—
d) Zubringer	578	— —	1,620	—
e) Feuerkufen	995	— —	2,115	—
		überhaupt	53,625	Rthlr.

2. In den Dörfern:

a) Fahrbare Schlauchspritzen .	7	taxirt zu	1,250	Rthlr.
b) — Rohrspritzen . .	325	— —	28,970	—
c) Tragbare Spritzen . .	758	— —	8,260	—
d) Zubringer	821	— —	3,872	—
e) Feuerkufen	370	— —	615	—
		überhaupt	42,967	Rthlr.

In den Städten beträgt der Werth der Feuerlöschanstalten von dem Versicherungswerth der Gebäude . . . . $\frac{11}{180}$ Prozent.

In den Dörfern . . . . $\frac{1}{22}$ —

Bau- und Bedachungsart der Gebäude.

1. Von den städtischen Gebäuden sind:

a) ganz massiv	8,216
b) zum Theil von Fachwerk, zum Theil massiv	24,378
c) ganz von Holz	6,012
d) von Pisé oder gestampfter Erde . .	321
	38,927

2. Von den ländlichen Gebäuden sind:

a) ganz massiv	3,385
b) zum Theil massiv	19,707
c) ganz von Holz	86,274
d) von Pisé rc.	11,653
	121,019

3. Von den städtischen Gebäuden sind gedeckt:

a) mit Ziegeln, Schiefer oder Metall . .	31,570
b) mit Schindeln oder Brettern	4,817
c) mit Stroh oder Rohr	2,540
	38,927

4. Von den ländlichen Gebäuden sind gedeckt:

a)	mit Ziegeln, Schiefer oder Metall . .	51,314
b)	mit Schindeln oder Brettern . . .	8,627
c)	mit Stroh oder Rohr	61,078
		121,019

Der Werth aller Mobilien und unter den bis jetzt genannten und taxirten Gütern noch nicht aufgeführten Vorräthe, Waaren und Güter ist in zwei Klassen zu theilen; die erste begreift alle die Gegenstände von Werth, welche nicht einer jährlich regelmäßigen Konsumzion unterworfen sind, dahin gehören: alle Metalle, edle und unedle, gemünzte und ungemünzte, Schiffe und Kähne, Maschinen in Fabriken, Arbeitsgeräth der Handwerker, Hauswirthsschaftsgeräth, Kleidungsstücke, Küchengeschirr ꝛc.

Die zweite Klasse begreift die jährlich erzeugten zur täglichen Konsumzion der Menschen bestimmten Vorräthe an Getreide und andern von der Erde gewonnenen Eßwaaren und alle Vorräthe von ausländischen Produkten, die zur täglichen Konsumzion dienen, als: Kaffee, Zucker, Gewürzwaaren ꝛc. Die erste Klasse ist als stehendes Kapital der Nazion einer Taxe fähig, und eine im Wohlstande nicht zurückgehende Nazion wird diese Kapitale wenigstens immer in dem Werthe, den sie einmal haben, erhalten; die zweite Klasse hingegen, welche die zur täglichen Konsumzion bestimmten Vorräthe enthält, wird nie geschätzt werden können; die von eignem Boden gewonnenen Eßwaaren vermindern sich immer mehr, je weiter der Zeitpunkt der gewesenen Ernte sich entfernt, und die ausländischen Konsumzionswaaren, welche in den Magazinen der Kaufleute und der Privatpersonen sich befinden, werden willkührlich vermehrt und vermindert, je nachdem es die individuellen Umstände eines jeden erlauben, anrathen oder verbieten; auch kann derjenige, der diese Vorräthe taxiren will, leicht Irrthümer begehen, indem er Waaren und Vorräthe mit zu dem Nazionalvermögen rechnet, welche nicht der Nazion angehören, da sie noch nicht bezahlt, oder mit inländischen Waaren vergütet sind.

Aber auch selbst die Schätzung der Waaren aus der ersten Klasse ist sehr schwierig, indem die Regierung nicht so sehr in die häuslichen Verhältnisse der Nazion eindringen darf, um das Mobiliarvermögen der Staatsbürger zu erforschen, und da sie auch bei den genauesten Nachforschungen in einigen Gegenständen nie zu einer Gewißheit kommen wird. Hier können bloß angenommene Durchschnittssätze zu einem Resultate führen, und nach den Berichten der dazu bestimmten Behörden in dieser Provinz kann man annehmen, daß in den Städten $\frac{1}{4}$tel und auf den Dörfern $\frac{1}{10}$tel des Verkaufwerths der Gebäude als Werth des Mobiliarvermögens (ausgeschlossen das im ersten Kapitel schon berechnete landwirthschaftliche Inventarium und das vorhandene gemünzte Geld) gerechnet werden kann.

Die Menge des vorhandenen gemünzten Geldes zu schätzen, ist sehr schwierig, und nur durch Hülfe mehrerer zusammengestellten Erfahrungen und Notizen über die Einnahme und Ausgabe der öffentlichen Kassen, über die Schnelligkeit oder Langsamkeit der Zirkulazion ꝛc., ist das Resultat hervorgegangen, daß in dieser Provinz die Quantität der vorhandenen Münze zwischen 7 und 8 Millionen Thaler beträgt.

Von zwei hierher gehörenden, unter den angegebenen Summen noch nicht begriffenen, Gegenständen können noch bestimmte Notizen gegeben werden; diese sind: die zum Schutz der Provinz gegen äußere Anfälle gesammelten Vorräthe an Geschütz, Munizion und andern Militairbedürfnissen, und die vorhandenen Schiffsgefäße.

Die militairischen Vorräthe haben nach einer speziell aufgenommenen Taxe einen Werth von 4,326,800 Rthlr.

Die vorhandenen Schiffsgefäße sind:

1. Seeschiffe					
a) von 200 Lasten und drüber,	21,	geschätzt	zu	251,000	Rthlr.
b) — 150 bis 200 Lasten	23	—	—	207,000	—
c) — 100 — 150 —	18	—	—	102,400	—
d) — 50 — 100 —	14	—	—	46,080	—
e) unter 50 Lasten . .	9	—	—	17,870	—
2. Flußschiffe	376	—	—	78,216	—
3. Kähne	1297	—	—	27,674	—
		überhaupt		730,240	Rthlr.

Viertes Kapitel.

Nazionalvermögen und Nazionaleinkommen.

Aus den im ersten und dritten Kapitel einzeln aufgestellten Notizen und Berechnungen ergiebt sich folgende Summe als der wirkliche Bestand des Nazionalvermögens dieser Provinz:

1. Der Kapitalwerth des Grundes und Bodens . . . 242,799,340 Rthlr.

2. Der

	Transport	242,799,340 Rthlr.
2. Der Kapitalwerth des landwirthschaftlichen Inventariums	.	18,699,923 —
3. Der Kapitalwerth der vorhandenen Gebäude und Feuerlöschgeräthe		145,688,192 —
4. Der Kapitalwerth des Mobiliarvermögens	. . . .	20,945,520 —
5. Das gemünzte Geld	. . . .	7,500,000 —
6. Der Kapitalwerth der Militairvorräthe	. . . . .	4,326,800 —
7. Der Kapitalwerth der Schiffsgefäße	. . . . . .	730,240 —
	überhaupt	440,690,015 Rthlr.

Wenn diese Summe auf die vorhandene Menschenzahl eingetheilt wird, so findet sich für jeden Einzelnen eine Porzion von 508 Rthlrn., in so fern das Kapitalvermögen, welches die Regierung besitzt, mit in Rechnung gebracht wird.

Dies wäre also der Wohlstandsmesser für diese Provinz in Hinsicht auf die stehenden Kapitale, und man wird eine Familie von 5 Personen, welche bei ihrem jährlichen Auskommen ein Kapital von 2540 Rthlrn. besitzt, wohlhabend nennen können.

Der Unterschied der oben angegebenen Kapitale in Beziehung auf deren relativen Werth *) gegen einander und auf deren Einfluß auf den Wohlstand überhaupt, kann dem aufmerksamen Beobachter nicht entgehen.

1) Die erste Summe, der Kapitalwerth des Grundes und Bodens, ist nur diejenige, welche jährliche Nazionalzinsen trägt, und ihr Werth erhält sich durch sich selbst von dem ersten Antheile des Totalertrags, der nicht veräußerlich ist und der bei jeder Berechnung in Abzug gebracht werden muß, wenn vom reinen Ertrage die Rede ist; die zweite Summe ganz und die übrigen zum Theil sind zwar nothwendige Hülfsmittel, um die erstere zum Nazionalertrage überhaupt, oder doch zu einem verhältnißmäßig höhern Nazionalertrage zu bringen; indessen müssen sie doch alle von dem jährlichen Totalertrage des ersten Kapitals erhalten und ergänzt werden.

Man sieht hieraus, daß die Erhöhung dieses ersten Kapitals unmittelbar zur Erhöhung des Nazionaleinkommens beiträgt, und die jährlich von der Konsumzion übrig bleibenden Vorräthe werden nirgends anders einträglicher als dort angelegt werden können. Die Vermehrung der Kapitale in den übrigen sechs Zweigen wird zwar das Nazionalvermögen erhöhen, aber sie wird immer nur einen mehr oder weniger entfernten Beitrag zur Vermehrung des Nazionaleinkommens ausmachen. So wird die Vermehrung des Werths des landwirthschaftlichen Inventa-

*) Unter dem Worte Werth wird hier immer der Kauf- oder Tauschwerth (nach Graf von Soden der verglichene Werth) verstanden.

riums, wenn es nicht auf Verschönerung, sondern auf wirkliche Verbesserung desselben abgesehen ist, weit mehr zur mittelbaren Vermehrung des Nazionaleinkommens beitragen, als die Vermehrung der Kapitale, welche in die städtischen Gebäude verwendet werden; obgleich auch diese immer noch mittelbar, wiewohl in einem entferntern Grade, zur Vermehrung des Nazionaleinkommens beitragen.

Das gesammte Nazionalvermögen kann nicht nach dem gewöhnlichen Zinsfuße zu jährlichem Ertrage angeschlagen werden, und es wird in die Augen fallen, daß z. B. Nro. 6. (der Kapitalwerth der Militairvorräthe) in keinem Verhältniß als Zinsen bringendes, sondern als Zinsen zehrendes Kapital angenommen werden muß. In diese Kathegorie gehören übrigens in Hinsicht auf das ursprüngliche Nazionaleinkommen außer dem ersten Kapitale alle übrigen, und der jährliche Aufwand zur Erhaltung derselben ist einer Klassifikazion fähig.

2) Das landwirthschaftliche Inventarium bedarf zu seiner jährlichen Erhaltung verhältnißmäßig am mehresten, da es am schnellsten abgenutzt wird, und wenn nach der hier angenommenen Berechnungsart der Ertrag, welchen dieses Inventarium bewirkt, bloß dem ersten Kapitale gut geschrieben wird, so erfordert die Erhaltung dieses Nazionalkapitals 10 Prozent (also 1,869,992 Rthlr.) jährlichen Aufwand, um in dem Stande zu bleiben, in welchem es sich jetzt befindet; dieser Aufwand ist aber für die Nazion der erste und nothwendigste, und ihm geht nur die Erhaltung der Menschen selbst, als der letzte Zweck, vor. Wenn von dem jährlichen Ertrage des Grundes und Bodens diese Summe, wegen Armuth der Grundbesitzer, wegen unverhältnißmäßiger Abgaben und Lasten, von denen sie gedrückt werden, oder wegen anderer Ursachen, nicht aufgewendet werden kann; so wird nicht bloß der Werth dieses Kapitals, sondern auch der Werth des erstern und dadurch das Nazionaleinkommen selbst, welches zur Erhaltung aller übrigen Kapitale dienen muß, verringert werden. Da nun ein jeder Mensch, und also auch eine ganze Nazion, zuerst für die Erhaltung ihrer Existenz, und dann erst für Gegenstände der Bequemlichkeit und der äußern Pracht sorgen wird; so muß die Erhaltung dieses Kapitals allem Uebrigen vorgehen.

3) Die Erhaltung aller Gebäude ist oben zu einem jährlichen Aufwande von 4,436,126 Reichsthalern also zu $3\frac{1}{12}$ Prozent des Kapitalwerths derselben angeschlagen. Von der Kapitalsumme kommen nach den oben gegebenen Nachweisungen auf Rechnung der Landwirthschaft . . . . 60,349,400 Rthlr.

dazu von den Feuerlösch-Anstalten 40,600 —

überhaupt 60,390,000 Rthlr.

davon betragen $3\frac{1}{12}$ Prozent *) 1,839,150 Rthlr., welche eben so unmittelbar wie die Erhaltungskosten des landwirthschaftlichen Inventariums von dem Totalertrage des ersten Kapitals abgegeben werden müssen, um dasselbe in dem Stande zu erhalten, daß es der Nazion das jährlich nöthige Einkommen liefere.

Der Aufwand der 2,596,976 Rthlr. zur Erhaltung aller nicht zur Landwirthschaft nöthigen Gebäude ist zwar ebenfalls nothwendig, wenn dieser Theil des Nazionalvermögens nicht verringert werden soll; indessen wird eine Verringerung dieser Ausgabe für den Wohlstand der Nazion nicht von so schädlichen Folgen seyn, als die Verringerung des Aufwandes zur Erhaltung der landwirthschaftlichen Gebäude und des landwirthschaftlichen Inventariums; eine Verringerung des Aufwandes zur Erhaltung der erstgenannten Gebäude wird sich leichter ersetzen lassen, wenn ungünstige Vorfälle, z. B. eine schlechte Ernte, Krieg u. dergl. den Ertrag des Bodens für ein Jahr verringert, oder einen Aufwand veranlaßt haben, der größer als gewöhnlich ist; und wenn bei dem Abzuge von dem Aufwande, der zur Erhaltung der landwirthschaftlichen Gebäude und des landwirthschaftlichen Inventariums nöthig ist, die ungünstigen Folgen ziemlich schnell fühlbar werden, in dem Einkommen der Nazion und des Einzelnen, so kann eine Ersparung an dem Aufwande der erstern in einigen Jahren ersetzt werden, ohne daß die Nazion an ihrem Einkommen ärmer geworden ist, obgleich dieser Theil ihres stehenden Kapitals eine Zeitlang geringer wurde. Hier ist nur die Entbehrung einer Bequemlichkeit oder einer Art des Wohllebens, dort aber die Entbehrung einer Nothwendigkeit die Folge, wenn überhaupt das Vermögen unter den Einzelnen nicht in zu ungleiche Porzionen vertheilt ist; diese zu ungleiche Vertheilung desselben kann nehmlich hier einen Aufwand zu Prachtgebäuden hervorbringen, wenn dort das Vermögen fehlt, einen eingefallenen Stall zu bauen, eine schadhafte Scheune zu repariren, oder ein gefallenes Stück Zugvieh wieder anzuschaffen.

4) Die Erhaltung des Mobiliarvermögens in dem Zustande, in welchem es sich befindet, fordert zum Theil mehr, zum Theil weniger Aufwand, als die Erhaltung der Gebäude in ihrem Werth; so werden z. B. Maschinen in Fabriken, Kleidungsstücke, verschiedene Küchen- und Wirthschaftsgeräthe weit mehr zu unterhalten kosten,

*) Die Erhaltung der landwirthschaftlichen Gebäude erfordert unstreitig einen verhältnißmäßig größern Aufwand, als die Erhaltung der mehresten städtischen und vorzüglich der öffentlichen Gebäude; und wenn das hier summarisch angegebene Verhältniß aus speziellen Nachweisungen, die auf diesen Unterschied Rücksicht nehmen, gezogen werden könnte, so würde gewiß die hier angegebene Summe (1,839,150 Rthlr.) beträchtlich größer erscheinen.

als Glocken und ähnliche Gegenstände. Die spezielle Aufzählung der Unterhaltungskosten dieses stehenden Kapitals der Nazion würde zu weitläuftig seyn, und ich gebe hier das aus diesem Verzeichniß erhaltene Resultat an, daß dessen Unterhaltung im Ganzen zu $5\frac{1}{2}$ Prozent angeschlagen werden muß; so daß dieses Kapital zu seiner Erhaltung eines jährlichen Aufwandes von 1,152,000 Rthlr. bedarf.

5) Das Geld, oder das gemünzte Metall, bedarf zwar ebenfalls eines jährlichen Aufwandes zur Ersetzung der durch den Gebrauch desselben entstandenen Abgänge; indessen gehört es mit zu den großen Vorzügen dieses Theils vom Nazionalvermögen, daß dessen Erhaltung in seinem Werth so wenig Aufwand erfordert. Es ist anzunehmen, daß die Goldmünze, welche von der ganzen Summe der 7,500,000 Rthlr. 2,150,000 Rthlr. ausmacht, nur $\frac{1}{10}$tel, und die Silbermünze $\frac{1}{30}$tel Prozent ihres Werths durch die jährliche Zirkulazion verlieren, so daß also der Nazionalaufwand zur Erhaltung dieses Kapitals in seinem jetzigen Werth jährlich nur 2213 Rthlr. beträgt.

6) Die Militairvorräthe bedürfen zwar eines größern jährlichen Aufwandes, als das eben angegebene Kapital der Münzen; da indessen dieser Aufwand mehr in der nöthigen Aufsicht und Aufmerksamkeit der dazu bestellten Offizianten, als in der Abnutzung derselben besteht (indem der Fall des Gebrauchs derselben im Kriege bei dieser Berechnung nicht in Anschlag gebracht werden kann), so ist hier $\frac{1}{4}$tel Prozent des Kapitals hinreichend, um diese Vorräthe in Hinsicht auf ihren materiellen Werth immer im Stande zu erhalten, und die Kosten der Aufsicht, so wie der dabei angestellten Arbeiter zum Umpacken, Reinigen rc., werden unter den Kosten, welche die Nazion zu ihrer äußern Sicherheit aufzuwenden hat, angegeben. Von der Summe der 4,326,800 Rthlr. beträgt $\frac{1}{4}$tel Prozent 10817 Rthlr.

7) Der jährliche Aufwand zur Erhaltung der Schiffsgefäße ist im Durchschnitt zu 8 Prozent anzuschlagen, welches eine Summe von 58,416 Rthlrn. beträgt.

Zusammenstellung des nothwendigen jährlichen Aufwandes zur Erhaltung des Nazionalvermögens in seiner jetzigen Größe.

1.	Grund und Boden	
2.	Landwirthschaftliches Inventarium	1,869,992 Rthlr.
3.	Gebäude und Feuerlöschgeräthe .	4,436,126 —
4.	Mobiliarvermögen . . .	1,152,000 —
	Latus	7,458,118 Rthlr.

	Transport	7,458,118 Rthlr.
5. Münzen		2,213 —
6. Militairvorräthe		10,817 —
7. Schiffsgefäße		58,416 —
	überhaupt	7,529,564 Rthlr.

Bei der Berechnung des jährlichen Nazionaleinkommens ist der so oft irrig verstandene, so oft falsch gebrauchte Begriff vom Nazionaleinkommen zuerst festzusetzen, da dieses Wort zu so manchen Streitigkeiten unter Staatswirthen und nazionalwirthschaftlichen Schriftstellern Veranlassung gegeben hat.

Schon in einigen meiner ältern statistischen Aufsätze, in den Annalen der preußischen Staatswirthschaft und Statistik, und zuletzt in meinen Betrachtungen über den Nazionalreichthum des preußischen Staats, habe ich mich über den Sinn dieses Wortes erklärt; aber nach den Beurtheilungen, welche ich hier und da über diese Aufsätze gelesen und gehört habe, muß ich glauben, daß die Bedeutung dieses Wortes noch nicht allgemein gleich angenommen wird, welches doch nothwendig ist, wenn die aus dergleichen Berechnungen entstehenden Resultate von Jedermann, wenigstens der Form nach, als richtig anerkannt werden sollen.

Alle Güter von Werth, welche eine Nazion erwirbt und besitzt, können in materielle und in immaterielle Güter eingetheilt werden; erstere erhalten von den Physiokraten den Namen G ü t e r ausschließlich, dahingegen die letztern von ihnen gegenseitige Dienstleistungen genannt werden. Auf diesem Unterschiede der Güter in einer Nazion beruht auch die Eintheilung der Stände derselben in produzirende und nicht produzirende in der engern Bedeutung dieses Wortes, so daß unter den produzirenden Klassen nur diejenigen verstanden werden, welche durch ihre Arbeit materielle Güter hervorbringen.

Der Streit der Physiokraten und Antiphysiokraten wird dadurch seiner Entscheidung sehr nahe gebracht, wenn man sich über den Gebrauch des Worts p r o d u z i r e n vereinigt, und die Inkonsequenzen in dem antiphysiokratischen System, welches Handwerker und Kaufleute zu den produzirenden, und Staatsbeamte, Virtuosen, Schauspieler und Dienstboten zu den nicht produzirenden Ständen zählt, werden hierdurch deutlich.

Das Wort produziren ist nehmlich von den streitenden Partheien in doppeltem Sinne gebraucht worden, und so lange dieser doppelte Gebrauch eines und desselben Worts nicht aufhört, wird auch der Streit nicht geschlichtet werden. Die Physiokraten verstehen unter Produkzion die Hervorbringung m a t e r i e l l e r Güter und rechnen alle Stände, welche durch ihre Arbeit nicht materielle Güter hervorbringen, zu den unproduzirenden. Die Antiphysiokraten sehen, daß in einer Nazion eine große Menge immaterieller Güter oft von sehr großem Werth existirt, daß immaterielle Güter gegen materielle und gegen immaterielle anderer Art immer vertauscht werden, und daß viele Gesellschaften bloß durch die Produkzion immaterieller Güter sich erhalten, ja sogar zum Theil wohlhabend und reich werden; sie wollten daher den Physiokraten diese Abtheilung in produzirende und nicht produzirende Klassen nicht zugestehen, und sie suchten eine andere Eintheilung, welche nach ihren Begriffen der Sache angemessener seyn sollte; aber alle andere Eintheilungen der menschlichen Arbeit und der durch sie hervorgebrachten Gegenstände von Werth sind willkührlich, und nur die Grenze zwischen materiellen und immateriellen Gütern ist in der Natur gegründet und einem jeden Menschen mit gesunden Sinnen begreiflich und anschaulich.

Es bedarf keiner gelehrten Auseinandersetzung und künstlichen Dedukzion, um Jemandem deutlich zu machen, daß Häute von Thieren materielle Güter sind und daß die durch den Gerber, den Schuh- und Handschuhmacher, den Riemer und Sattler an diese Häute verwendete Arbeit das Material nicht vermehrt, sondern bloß dessen Form verändert; daß also die Natur das materielle Gut, und die genannten Handwerker den ihm nun anklebenden immateriellen Werth hervorbrachten. So wird der Flachs- und Baumwollspinner und Weber dem Material, das er verarbeitet, freilich eine ganz andere Gestalt geben, aber er wird dasselbe niemals vermehren und seine Arbeit wird immer nur ein immaterielles Gut seyn, das uns aber zum Gebrauch dieses Materials ganz unentbehrlich ist.

Außer der natürlichen Grenze zwischen materiellen und immateriellen Gütern findet keine genau begrenzte Abtheilung statt, und alle Unterabtheilungen derselben werden immer willkührlich bleiben. Will man die Güter z. B. in entbehrliche und unentbehrliche eintheilen, so stößt man gar oft auf Gegenstände, welche einer Person, oder zu einer gewissen Zeit, oder an einem gewissen Orte entbehrlich, und einer andern Person, zu einer andern Zeit und an einem andern Orte, unentbehrlich sind; nur wenige sind von absoluter Unentbehrlichkeit, z. B. Luft und Wasser, und eben diesen kann nicht einmal der Name Güter in nazionalökonomischer Hinsicht beigelegt werden.

Der wesentliche Unterschied zwischen materiellen und immateriellen Gütern, oder zwischen wirklichen Gütern und gegenseitigen Dienstleistungen, und die von der Natur hier selbst gezeichnete Grenze ist für die Wissenschaft von großer Wichtigkeit und es ist sehr zu bedauern, daß der Herr Graf von Soden in seiner Nazionalökonomie denselben geradezu als unfruchtbar verwirft, ohne nur einen Grund für diese Behauptung anzuführen, da das weitere Nachforschen über das Wesen beider Arten von Gütern diesen scharfsinnigen Mann gewiß auf wichtige Resultate geleitet haben würde. Die zu meinem Zweck dienlichen sind folgende:

1) Nur die Erde ist im Stande, uns materielle Güter zu liefern (eingeschlossen die Fische im Wasser und die Vögel in der Luft, als zur Erde gehörig).
2) Kein Mensch kann ohne Hülfe derselben materielle Güter hervorbringen, sondern er kann nur die schon hervorgebrachten Güter in der Form bearbeiten und ändern; oder er kann nur immaterielle Güter hervorbringen.
3) Die immateriellen Güter sind abhängig von den materiellen, oder: sie können nur dann entstehen, wenn materielle Güter vorhergegangen sind; nicht so umgekehrt: materielle Güter können erzeugt werden, auch ohne daß immaterielle Güter vorhergegangen sind.
4) Ein Mensch kann ohne immaterielle Güter im Falle der Noth bestehen, oder sich diese ohne Zwischenkunft eines andern Menschen selbst verschaffen, wenn er mit materiellen Gütern zur Nothdurft versehen ist.
5) Die Quantität aller in einer Nazion jährlich hervorgebrachten materiellen Güter kann in Absicht auf den ihnen von der Gesellschaft beigelegten Kauf- oder Tauschwerth
   a) größer, oder
   b) geringer seyn, als der Werth der in dieser Nazion in demselben Jahre hervorgebrachten immateriellen Güter, oder er kann
   c) ihm gleich seyn.

Im ersten und im dritten Falle wird unstreitig die Summe des Werths aller in der Nazion erzeugten materiellen Güter das wirkliche (ächte, ursprüngliche) Einkommen der Nazion, oder kurz gesagt, das Nazionaleinkommen ausmachen, denn alle in der Nazion hervorgebrachte immaterielle Güter werden mit materiellen bezahlt werden müssen, und man würde einen Irrthum begehen, wenn man zuerst den Werth der materiellen Güter und dann wieder den durch sie bezahlten Werth der immateriellen Güter in Anschlag bringen wollte, da alle die Erzeuger immaterieller Güter eben so viel oder mehr materielle Güter an Werth verzehrten, als sie an immateriellen hervorgebracht hatten. Nur in dem zweiten Falle, wenn der Kaufwerth der in einem Jahre hervorgebrachten immateriellen Güter in einer Nazion größer gefunden werden sollte, als der Kaufwerth der in demselben Jahre hervorgebrachten materiellen Güter, in so fern die erstern bloß zum Bedürfniß des Inlandes gebraucht werden, würde eine Schwierigkeit statt finden, welche gelöset werden muß, wenn Physiokraten und Antiphysiokraten sich einigen, und die Form der Berechnung des Nazionaleinkommens einstimmig festgesetzt werden soll.

Ob dieser letzte Fall (5. b.) bei irgend einer Nazion in der Welt statt finde, kann ich durch historische Angaben nicht entscheiden, da die bis jetzt vorhandenen Quellen der Statistik zur Beantwortung dieser Frage nicht hinreichen; aber wenn er auch in irgend einem Lande sich finden sollte, so würde ich doch diesen angeblichen Ueberschuß des Werths der immateriellen Güter über den Werth der in diesem Jahre erzeugten materiellen Güter nicht zu dem ächten oder ursprünglichen Nazionaleinkommen rechnen, und zwar aus folgendem Grunde:

Die immateriellen Güter sind, isolirt betrachtet, nicht steuerbar, und das ist für den Staatswirth, um dessen willen eine solche Berechnung angelegt wird, hinreichender Grund, sie sämmtlich von der Berechnung des Nazionaleinkommens auszuschließen. Der Staat fordert von seinen Bürgern Steuern und Abgaben in Naturalien (materiellen Gütern) oder in Geld (welches ebenfalls ein materielles Gut ist), und ob er gleich den größten Theil seines Einkommens dazu anwendet, immaterielle Dienste oder Arbeiten damit zu bezahlen (alle Besoldungen seiner Militair- und Ziviloffizianten), so ist er doch genöthigt, diese Dienste mit materiellen Gütern zu bezahlen. Nur in Staaten, welche noch auf einer niedrigen Stufe der Kultur stehen, findet man, daß die Regierung von ihren Bürgern unmittelbare Dienstleistungen oder immaterielle Güter als eine Art von Steuer fordert, wenn z. B. Schuhmacher und Schneider eine gewisse Quantität Schuhe und Kleider für die Regierung ohne Arbeitslohn verfertigen mußten; aber auch hierbei setzt sie voraus, daß diese Menschen schon vorher mit materiellen Gütern hinlänglich versehen waren, um sich die Zeit der Arbeit hindurch zu erhalten. Eben weil diese Voraussetzung ungewiß ist und oft nicht eintraf, hat in den neuern und mehr kultivirten Staaten diese Art der Steuern fast ganz aufgehört, und die Regierungen verlangen an deren Stelle materielle Güter, um mit diesen dergleichen Dienste bezahlen zu können.

Die Erfahrung wird einem Jeden zeigen, der Gelegenheit hat, Berechnungen über diese Gegenstände anzustellen, daß der Werth der in einem Lande jährlich erzeugten immateriellen Güter nur dann den Werth der jährlich erzeugten materiellen Güter übersteigt, wenn die industriösen Klassen dieses Landes Gelegenheit haben, ihre immateriellen Güter andern Nazionen zu verkaufen. Auch mir hat die Erfahrung gezeigt, daß in dieser Provinz, deren Statistik ich hier liefere, ein solches Verhältniß statt findet, und daß der Werth der jährlich darin erzeugten materiellen Güter beträchtlich größer ist, als der Werth der immateriellen. Ich wage es, diese Erscheinung zu erklären, und lasse es darauf ankommen, ob diese Erklärung den Beifall meiner Beurtheiler finden wird.

1) Es findet bei einer jeden Nazion, so wie im Welthandel, ein dreifacher Handel oder Tausch statt. Der erste besteht in dem Tausch materieller Güter gegen andere Güter der Art; der zweite in dem Tausch immaterieller Güter oder Dienstleistungen

gegen

gegen materielle Güter, und der dritte in dem Tausch immaterieller Güter gegen andere Güter derselben Art. Die erste Art des Tauschhandels findet sich bloß bei den produzirenden Ständen, und sie ist bei Nazionen unter sich selbst nicht bedeutend; auch hat sie auf unsere Berechnung gar keinen Einfluß, indem sie die Quantität der erzeugten Güter weder vermehrt noch vermindert. Die zweite Art des Tauschhandels, der Tausch materieller Güter gegen immaterielle, ist die gewöhnliche; dieser Tausch besteht zwischen den produzirenden, den industriösen und besoldeten Ständen, welche letztere beide ihre immateriellen Dienste gegen die materiellen Güter vertauschen, welche die produzirenden Klassen hervorbringen. Der Werth der von den nicht produzirenden Klassen zu diesem Tausch jährlich erzeugten immateriellen Güter kann nicht größer seyn, als der Werth der materiellen Güter, welche die produzirenden Klassen jährlich nach Abzug der ihnen selbst nöthigen materiellen Güter übrig behalten; denn wenn er größer ist, so werden diese Produzenten immaterieller Güter keinen Käufer für dieselben finden, sie werden also im Auslande Käufer suchen, oder sie werden sich einen verminderten Preis für ihre immateriellen Güter gefallen lassen müssen. Da bei dieser Betrachtung der Verkauf ins Ausland und der Kauf vom Auslande nicht in Anschlag gebracht wird, und da wir uns hiebei ein isolirtes Land vorstellen müssen, so kann auf keine Art der Fall eintreten, daß der Kaufwerth der in der Nazion erzeugten immateriellen Güter größer seyn könnte, als der der materiellen Güter, welche übrig bleiben, wenn die produzirenden Stände den zu ihrer Erhaltung nöthigen Antheil an materiellen Gütern zurückbehalten haben.

Aber die dritte Art des Tauschhandels scheint hier eine Veränderung zu bewirken, durch welche die Behauptung, daß der Werth aller jährlich erzeugten immateriellen Güter in einer Nazion nicht größer seyn könne, als der Werth der jährlich erzeugten materiellen Güter, wankend gemacht wird. Wenn nehmlich die industriösen Klassen immaterielle Güter gegen einander vertauschen, ohne daß materielle Güter dabei zum Vorschein oder in Anschlag kommen. Wenn der Schuhmacher für den Schneider, der Maurer für den Gelehrten, der Tischler für den Kaufmann arbeitet, so erscheinen hier immaterielle Güter, die nicht mit materiellen, sondern häufig wieder mit immateriellen Gütern bezahlt werden und es ist immer noch eine unentschiedene Frage, wie hoch wohl der Werth dieser Güter steigen könne? Er scheint am besten approximatif geschätzt werden zu können, wenn man die Zahl der industriösen und besoldeten Arbeiter kennt und das Einkommen derselben ungefähr schätzen kann; wenn man dann von dem gesammten Einkommen der beiden Klassen das abzieht, was sie an materiellen Gütern jährlich bedürfen, so wird sich die ungefähre Summe des Werths der immateriellen Güter ergeben, welche diese Stände unter sich selbst vertauschen.

2) Dieser Werth der immateriellen Güter, welche die nicht produzirenden Stände unter sich selbst vertauschen, kann in dieser Provinz, die hier dargestellt wird, und bis jetzt in keiner Provinz des preußischen Staats so groß seyn, als der Werth der materiellen Güter, welche von den produzirenden Ständen selbst konsumirt werden, ohne in dem Tausche mit den nicht produzirenden Ständen vorgekommen zu seyn. Denn

a) Die Zahl der Menschen, welche materielle Güter unmittelbar verzehrt, ohne sie erst durch immaterielle eingetauscht zu haben, ist in allen preußischen Provinzen größer, als die Zahl der industriösen und besoldeten Stände.

b) In diesen Provinzen konsumiren $\frac{9}{10}$tel der vorhandenen Menschen nach dem Kaufwerth mehr materielle als immaterielle Güter. Wenn in einer Provinz von 100000 Familien auch 10000 sind, in deren Bedürfnißetat die Bezahlung immaterieller Güter mehr beträgt, als die der materiellen, so sind doch 90000, in deren Etat das Verhältniß umgekehrt ist, und obgleich unter den 10000 Familien vielleicht wieder 1000 sind, die jährlich 3, 4, 5 und 10mal mehr immaterieller als materieller Güter bedürfen, so ist dagegen die Zahl der übrigen auch im Ganzen 9mal größer *).

3) Der Werth der erzeugten materiellen Güter hat auf den Werth der immateriellen Güter wichtigen Einfluß, und die Bestimmung des Preises geht von dem erstern aus. Schon vorher ist gezeigt worden, daß wenn die Quantität der den produzirenden Klassen angebotenen immateriellen Güter die Quantität der von diesen erzeugten materiellen Güter übersteigt, die erstern im Preise sinken müssen, wenn sie nicht einen andern Ausweg finden können; dieser verringerte Kaufwerth wird auch,

---

*) Vielleicht könnte es in einem Lande, und dann wahrscheinlich bald in allen kultivirten Ländern dahin kommen, daß der Werth der jährlich erzeugten immateriellen Güter den Werth der materiellen Güter überstiege, wenn der Landbau zu einer so hohen Vollkommenheit gebracht würde, daß bei einer größern Ersparung von Menschenkräften dennoch eine größere Quantität materieller Güter aus dem Boden gezogen würde, so daß die Zahl der mit der Kultur des Bodens beschäftigten Menschen sich verringern und die Zahl der in den übrigen Klassen der Nazion lebenden Menschen sich vermehren könnte. Ob dieses durch Erfindung von Maschinen, oder auf andere Art möglich ist, muß ich dahin gestellt seyn lassen. Die von der produzirenden Klasse durch Nebenbeschäftigungen hervorgebrachten immateriellen Güter sind nicht bedeutend genug, um diese Berechnung zu verändern, da sie mehrentheils nur zum eignen Bedarf hervorgebracht werden, und nicht in den Tauschhandel kommen, und da sie ohnedem in der Regel den Absatz der industriösen Klassen an solchen Gütern oder Dienstleistungen vermindern.

aus ganz natürlichen Ursachen, auf die immateriellen Güter, welche die industriösen und besoldeten Klassen unter sich vertauschen, Einfluß haben, und die Produkzion derselben wird vermindert oder die Produkzion der materiellen Güter vermehrt werden müssen, ehe die Sache wieder zu ihrem alten Gleichgewicht kommt. Da nun das letztere, die Vermehrung der materiellen Güter, weniger von dem Willen der Menschen abhängt, als das erstere; indem Zufälligkeiten der Witterung, große Kälte oder Hitze, übermäßige Nässe oder Dürre, Hagel ꝛc. die Produkzion der materiellen Güter mehr irritiren, als die der immateriellen; so wird sich überall, wo nicht die industriösen Klassen Absatz ins Ausland haben, oder wo die Regierung nicht durch künstliche Mittel die Produkzion derselben und die Vermehrung dieser Klasse befördert, die Erzeugung der immateriellen Güter um einen größern oder geringern Theil niedriger erhalten, als der Werth der hervorgebrachten materiellen Güter beträgt. Auch lehrt uns die Erfahrung, daß es eine sehr bedenkliche Operazion ist, in ein Land, wo es an der Produkzion materieller Güter fehlt, eine beträchtliche Anzahl Menschen plötzlich zu versetzen, welche sich bloß von der Erzeugung immaterieller Güter ernähren soll; da es doch gar nichts Bedenkliches hat, sondern vielmehr für das Ganze sehr wohlthätige Folgen verspricht, wenn in ein solches Land eine eben so beträchtliche Zahl Menschen versetzt wird, welche dem Boden mehr materielle Güter abgewinnt, als er vorher gab.

Das Nazionaleinkommen dieser Provinz ist im ersten Kapitel zu 32,217,787 Rthlr. berechnet.

Anmerk. Es kommen zwar bei einem Lande, das mit andern Ländern in Verkehr steht, noch mehrere Quellen des Nazionaleinkommens vor, indem die Bewohner des einen Landes von den Bewohnern eines andern etwas verdienen; da indessen diese Provinz in ihrem Handel mit andern bloß einen Tausch von materiellen Gütern einer Art (Getreide, Holz, Vieh ꝛc.) gegen materielle Güter andrer Art (Zucker, Kaffee, Wein ꝛc.) führt, und dieser Tauschhandel die materiellen Güter der Provinz weder vermehrt noch vermindert, so ist der Betrag desselben in diesem Abschnitte nicht in Anschlag gebracht.

Wenn die Summe des gesammten Nazionaleinkommens auf die vorhandene Menschenzahl eingetheilt wird, so ergiebt sich für jeden Einzelnen eine jährliche Porzion von 37 Rthlr. 3 Gr. 6 Pf.

Wenn also eine Familie von 5 Personen zu allen materiellen Gütern, deren sie bedarf, jährlich 185 Rthlr. 17 Gr. 6 Pf. einzunehmen hat, so kann sie wohlhabend genannt werden.

Wenn man den Bedarf einer Familie an materiellen Gütern nach dem Kaufwerth in Anschlag bringt, so läßt sich berechnen, wie groß der Wohlstand (bei Voraussetzung einer gleichen Vertheilung des Einkommens) seyn müsse.

Eine Familie von 5 Personen bedarf jährlich an materiellen Gütern:	Rthlr.	Gr.
18 Scheffel Roggen, à 1 Rthlr. 16 Gr.	30	—
5 Scheffel Gerste, à 1 Rthlr.	5	—
2 Scheffel Weizen, à 2 Rthlr.	4	—
4 Klaftern Holz, à 1 Rthlr.	4	—
Wolle, Flachs, Leder und Baumwolle	10	—
300 Pfund Fleisch, à 2 Gr.	25	—
5 Scheffel Kartoffeln, à 12 Gr.	2	12
Salz	1	—
Butter und Milch	22	—
Gemüse	5	—
Obst	2	—
Oehl oder Talg zu Licht	12	—
Fett ꝛc. zu Seife	4	—
Zucker und Syrup	10	—
Kaffee	4	—
Wein	6	—
Gewürz	2	—
Materialien zu Haus-, Wirthschafts- und Küchengeräth	6	—
Materialien zur Erhaltung der Wohnung	6	—
Summe	160	12

Vertheilung des gesammten Einkommens aller Familien und Wirthschaften in der Provinz.

Anmerkung. Das vorher berechnete Nazional- oder ursprüngliche, oder ächte Einkommen aller Bewohner der Provinz kömmt nur den produzirenden Ständen zu; alle übrige genießen abgeleitetes, unächtes oder Zirkulazionseinkommen, d. h. sie erhalten ihr Einkommen nicht aus der ersten Hand (von der Natur), sondern als Lohn für die Erzeugung immaterieller Güter, oder für geleistete Dienste. Die nun folgende Berechnung giebt das Einkommen aller Menschen an, sowohl in Hinsicht auf die jährlich erzeugten materiellen als auf die immateriellen Güter, und eine solche Nachweisung geht gewöhnlich einer Einkommensteuer vorher. Daß diese Steuer, wenn sie ohne weitern Unterschied auf alle diejenigen, welche irgend ein Einkommen genießen, nach Verhältniß dieses Einkommens gelegt wird, große Mißgriffe, Ungerechtigkeiten und doppelte Besteurung nach sich zieht, muß der nachdenkende Leser schon aus den vorhergegangenen Betrachtungen über den Unterschied des ursprünglichen und des abgeleiteten Einkommens fühlen; aber auch die Erfahrung lehrt es uns im Einzelnen, und Garnier hat in der Vorrede zu seiner Uebersetzung des Smithschen Werks über die Entstehung des Nazionalreichthums die von Pitt angelegte Einkommentaxe in dieser Hinsicht streng und scharfsinnig geprüft; ich muß meine Leser dahin verweisen, wenn ihnen an einer Analysirung dieser Begriffe gelegen ist.

Die Summe des gesammten Einkommens der produzirenden Klassen ist um 2,843,083 Rthlr. größer, als das ächte Nazionaleinkommen überhaupt; dies rührt daher, daß ein Theil der zu dieser Klasse gehörenden Menschen, vorzüglich die Familien, welche wenig oder gar keine Grundstücke besitzen, sich außer der eigentlich landwirthschaftlichen Arbeit mit Nebenarbeiten beschäftigt, welche sie der industriösen Klasse hierin gleich stellen, so daß also ein Theil dieser Summe zu dem Zirkulazions- oder abgeleiteten Einkommen gehört.

Eine Darstellung, wie das Einkommen und das Kapitalvermögen in der Nazion vertheilt ist, muß nothwendig zu den Materialien des Statistikers hinzukommen, wenn er über Zirkulazion, Konsumzion und Wohlstand richtige Resultate erhalten will. Eben die ungleiche Vertheilung des Vermögens und des Einkommens macht alle Berechnungen der Staatswirthschaft, die sich auf die genannten Gegenstände beziehen, schwankend, und der flüchtige Beobachter hält ein Land für reich und wohlhabend, in welchem er hier und da großen Aufwand und große Pracht findet, wenn vielleicht der größte Theil der Nazion sich ärmlich und kümmerlich ernähren muß; wenn die Kapitale, die zur Erhöhung und Vermehrung der Produkzion dienen sollen, an prachtvolle Gärten, eine große Menge Lakaien, schöne Palläste und Leckereien aus allen Welttheilen verwendet werden, und wenn die Nazion nicht trotz dieses Reichsthums, sondern eben wegen dieser falschen Anwendung des Nazionaleinkommens und Vermögens im Wohlstande zurück kommt, oder wenigstens nicht vorwärts schreitet.

Ohne einen Kommentar zu den ersten Klassen in allen 6 Tabellen sind diese freilich für die Regierung nur halb brauchbar; diese muß wissen, wie diejenigen Staatsbürger, welche durch ihr großes Kapitalvermögen oder Einkommen wichtigen Einfluß auf Zirkulazion und Gewerbe haben, diese Kapitale und dieses Einkommen verwenden, und diese Notizen sind für die Regierung nicht schwierig zu erhalten, aber sie können in einer Druckschrift nicht Platz finden. Uebrigens wird eine humane Regierung nie Zwangsmittel anwenden, um ihre reichen Bürger vom Aufwande einer Art zu einem Aufwande andrer Art zu bringen; sie hat viele Mittel, ohne allen Zwang hier Gutes für das Land zu bewirken und ihre reichen Staatsbürger zu Wohlthätern des Landes zu machen, oft ohne daß sie es selbst wollen und glauben.

I. Produzirende Klasse.

	Zahl der zu dieser Klasse gehörenden Familien oder Wirthe.	Jährliches Einkommen eines Jeden.	Einkommen aller in Summe.		Zahl der zu dieser Klasse gehörenden Familien oder Wirthe.	Jährliches Einkommen eines Jeden.	Einkommen aller in Summe.
		Rthlr.	Rthlr.			Rthlr.	Rthlr.
	3	20000	60000	Transport	421	. . .	2314900
	4	18000	72000		52	2200	114400
	4	16000	64000		59	2000	118000
	7	15000	105000		66	1800	118800
	6	14000	84000		73	1600	116800
	6	13000	98000		77	1500	115500
	7	12000	84000		84	1400	117600
	9	11000	99000		96	1300	124800
	16	10000	160000		117	1200	140400
	11	9000	99000		138	1100	151800
	15	8000	120000		174	1000	174000
	22	7000	154000		208	900	187200
	31	6000	186000		268	850	227800
	33	5000	165000		443	800	354400
	25	4500	112500		445	750	333750
	36	4000	144000		563	700	394100
	24	3500	84000		1113	650	723450
	35	3000	105000		1828	600	1096800
	42	2800	117600		1813	550	997150
	39	2600	101400		3132	500	1566000
	46	2400	100400		2811	460	1293060
Latus	421	. . .	2314900	Latus	13981	. . .	10780710

	Zahl der zu dieser Klasse gehörenden Familien oder Wirthe.	Jährliches Einkommen eines Jeden. Rthlr.	Einkommen aller in Summe. Rthlr.
Transport	13981	. . .	10780710
	2707	440	1191080
	2110	420	886200
	3580	400	1432000
	3562	380	1353560
	3058	350	1070300
	3216	320	1029120
	3800	300	1140000
	3509	280	982520
	3371	260	876460
	2794	240	670560
	4017	220	883740
	8190	200	1638000
Latus	57895	. . .	23934310

	Zahl der zu dieser Klasse gehörenden Familien oder Wirthe.	Jährliches Einkommen eines Jeden. Rthlr.	Einkommen aller in Summe. Rthlr.
Transport	57895	. . .	23934310
	7182	180	1292760
	8717	160	1394720
	4868	150	730200
	4717	140	660380
	5208	130	677040
	4021	120	482520
	3516	110	386760
	8354	100	835400
	7317	90	657530
	11891	80	951280
	10384	70	726880
	15130	60	907800
	30467	50	1523350
Summe	179657	. . .	35060870

II. Industriöse Klasse.

	Zahl der zu dieser Klasse gehörenden Familien oder Wirthe.	Jährliches Einkommen eines Jeden. Rthlr.	Einkommen aller in Summe. Rthlr.
	2	16000	32000
	1	15000	15000
	3	13000	39000
	5	12000	60000
Latus	11	. . .	146000

	Zahl der zu dieser Klasse gehörenden Familien oder Wirthe.	Jährliches Einkommen eines Jeden. Rthlr.	Einkommen aller in Summe. Rthlr.
Transport	11	. . .	146000
	7	10000	70000
	3	9000	27000
	9	8000	72000
Latus	30	. . .	315000

	Zahl der zu dieser Klasse gehörenden Familien oder Wirthe.	Jährliches Einkommen eines Jeden.	Einkommen aller in Summe.
		Rthlr.	Rthlr.
Transport	30	. . .	315000
	2	7000	14000
	4	6000	24000
	11	5500	60500
	14	5000	70000
	10	4500	45000
	18	4000	72000
	21	3500	73500
	27	3000	81000
	20	2800	56000
	18	2600	46800
	24	2400	57600
	19	2200	41800
	31	2000	62000
	22	1800	39600
	29	1600	46400
	35	1500	52500
	46	1400	64400
	58	1300	75400
	41	1200	49200
	38	1100	41800
	73	1000	73000
	52	900	46800
	46	850	39100
	127	800	101600
	148	750	111000
	192	700	134400
	150	650	97500
	265	600	159000
Latus	1571	. . .	2150900

	Zahl der zu dieser Klasse gehörenden Familien oder Wirthe.	Jährliches Einkommen eines Jeden.	Einkommen aller in Summe.
		Rthlr.	Rthlr.
Transport	1571	. . .	2150900
	212	550	116600
	335	500	167500
	527	480	252960
	631	460	290260
	872	440	383680
	713	420	299460
	1022	400	408800
	917	380	348460
	1002	360	360720
	1127	340	383180
	1213	320	388160
	2761	300	828300
	1207	280	337960
	918	260	238680
	827	240	198480
	756	220	166320
	2817	200	563400
	1097	180	197460
	1186	160	189760
	1637	150	245550
	1328	140	185920
	1597	130	207610
	1370	120	164400
	3436	100	343600
	4831	90	434790
	8617	80	689360
	11989	70	839230
	6456	60	387360
Summe	62972	. . .	11748860

III. Besoldete Klasse.

	Zahl der zu dieser Klasse gehörenden Familien oder Wirthe.	Jährliches Einkommen eines Jeden. Rthlr.	Einkommen aller in Summe. Rthlr.
	2	10000	20000
	2	8000	16000
	1	7000	7000
	2	6000	12000
	3	5500	16500
	8	5000	40000
	2	4500	9000
	10	4000	40000
	3	3500	10500
	14	3000	42000
	1	2800	2800
	3	2600	7800
	14	2500	35000
	2	2400	4800
	16	2000	32000
	7	1800	12600
	4	1700	6800
	18	1600	28800
	22	1500	33000
	26	1400	36400
	30	1300	39000
	68	1200	81600
	24	1100	26400
	92	1000	92000
	23	900	20700
Latus	397	. . .	672700

	Zahl der zu dieser Klasse gehörenden Familien oder Wirthe.	Jährliches Einkommen eines Jeden. Rthlr.	Einkommen aller in Summe. Rthlr.
Transport	397	. . .	672700
	67	800	53600
	145	700	101500
	192	600	115200
	183	550	100650
	221	500	110500
	85	450	38250
	337	400	130800
	327	350	114450
	719	300	215700
	335	280	93800
	327	260	85020
	413	250	103250
	417	230	95910
	298	220	65560
	571	200	114200
	320	180	57600
	216	160	34560
	367	150	55050
	208	120	24960
	840	100	84000
	836	90	75240
	1526	80	122080
	2374	70	167180
	3536	60	212160
	507	50	25350
Summe	15762	. . .	3073100

Das jährliche Einkommen der produzirenden Klassen ist	35,060,870	Rthlr.
— industriösen . . .	11,748,860	—
— besoldeten . . .	3,073,100	—
überhaupt	49,882,830	Rthlr.
Davon beträgt der Kaufwerth der materiellen Güter .	32,217,787	Rthlr.
— immateriellen Güter	17,665,043	—

Wenn diese Summe im Ganzen auf die vorhandene Menschenzahl eingetheilt wird, so ergiebt sich für jeden Einzelnen eine Porzion von 57 Rthlr. 12 Gr. 5 Pf.

Wenn man die obige Berechnung von den Bedürfnissen einer Familie, die aus 5 Personen besteht, deren Einkommen nach dieser Berechnung im Ganzen (sowohl in Hinsicht auf materielle als auf immaterielle Güter) 287 Rthlr. 14 Gr. beträgt, mit den für sie nöthigen immateriellen Gütern vermehrt, so wird sie ungefähr so zu stehen kommen:

Für Brodt	35	Rthlr.	—	Gr.
— Bier	8	—	—	—
— Weizenmehl	4	—	12	—
— Holz	12	—	—	—
— Kleidung, Wäsche und Schuhe .	60	—	—	—
— Fleisch	28	—	—	—
— Kartoffeln	2	—	12	—
— Salz	2	—		
— Butter und Milch	25	—		
— Gemüse	6	—		
— Obst	3	—		
— Oehl und Licht	16	—		
— Seife	6	—		
— Zucker und Syrup	10	—		
— Kaffee	4	—		
— Wein	6	—		
— Gewürz	2	—		
— Wohnung	15	—		
— Haus- und Küchengeräth ꝛc. .	20	—		
überhaupt	266	Rthlr.		

Wenn man die Berechnung des Einkommens nach den einzelnen Klassen der Menschen macht, so findet sich, daß die Porzion eines Einzelnen beträgt:

in den produzirenden Klassen 59 Rthlr. 17 Gr. 9 Pf.

in den industriösen Klassen 53 Rthlr. 7 Gr. 6 Pf.
— — besoldeten — 51 — 5 — 6 —

Unter den produzirenden Klassen ist also der größte Wohlstand, und außer den großen Gutsbesitzern macht hier schon das größere Bedürfniß an Nahrungsmitteln für die arbeitenden Klassen den Etat größer, als bei den übrigen Klassen, deren Arbeit nicht so viel körperlicher Anstrengung bedarf. Daß die besoldeten Stände im Durchschnitt ein geringeres Einkommen haben, als die industriösen, hat vorzüglich seinen Grund in den Naturalien, welche das Militair bekömmt, und welche bei der Berechnung ihres Einkommens zu den niedrigsten Preisen angeschlagen worden sind.

Vertheilung des Nazionalvermögens.

Von diesem Vermögen besitzt die Regierung oder der Staat
78,317,000 Rthlr.
das übrige besitzen die Staatsbürger nach folgenden Verhältnissen:

I. Die produzirende Klasse.

	Zahl der zu dieser Klasse gehörenden Familien oder Wirthe.	Kapitalvermögen eines Jeden. Rthlr.	Kapitalvermögen aller in Summe. Rthlr.		Zahl der zu dieser Klasse gehörenden Familien oder Wirthe.	Kapitalvermögen eines Jeden. Rthlr.	Kapitalvermögen aller in Summe. Rthlr.
	1	680000	680000	Transport	110	. . .	40390000
	2	600000	1200000		15	230000	3450000
	4	550000	2200000		16	220000	3520000
	7	500000	3500000		28	200000	5600000
	6	480000	2880000		17	180000	3060000
	9	460000	4140000		15	160000	2400000
	12	430000	5160000		34	150000	5100000
	8	400000	3200000		31	130000	4030000
	10	350000	3500000		33	120000	3960000
	14	300000	4200000		84	100000	8400000
	16	280000	4480000		25	90000	2250000
	21	250000	5250000		60	80000	4800000
Latus	110	. . .	40390000	Latus	468	. . .	86960000

	Zahl der zu dieser Klasse gehörenden Familien oder Wirthe.	Kapitalvermögen eines Jeden. Rthlr.	Kapitalvermögen aller in Summe. Rthlr.		Zahl der zu dieser Klasse gehörenden Familien oder Wirthe.	Kapitalvermögen eines Jeden. Rthlr.	Kapitalvermögen aller in Summe. Rthlr.
Transport	468	. . .	86960000	Transport	8226	. . .	177302100
	42	70000	2940000		927	2600	2410200
	102	60000	6120000		1060	2400	2544000
	58	55000	3190000		2321	2000	4642000
	162	50000	8100000		1619	1800	2914200
	96	45000	4320000		2531	1600	4049600
	205	40000	8200000		3670	1400	5138000
	78	35000	2730000		4561	1200	5473200
	217	30000	6510000		7316	1000	7316000
	110	25000	2750000		6272	900	5644800
	808	20000	6160000		8805	800	7044000
	207	18000	3726000		9271	700	6489700
	339	15000	5085000		8006	650	5203900
	206	12000	2472000		7215	600	4329000
	311	10000	3110000		6326	550	3479300
	234	9000	2106000		12709	500	6354500
	448	8000	3584000		8173	450	3677850
	328	7000	2296000		14219	400	5687600
	510	6000	3060000		3102	350	1085700
	527	5000	2635000		5817	300	1745100
	415	4500	1867500		2568	250	642000
	661	4000	2644000		8412	200	1682400
	556	3500	1946000		4371	150	655650
	1021	3000	3063000		15200	100	1520000
	* 617	2800	1727600		27961	unter 100	1478200
Latus	8226	. . .	177302100	Summe	179657	. . .	268519000

II. Die industriöse Klasse.

	Zahl der zu dieser Klasse gehörenden Familien oder Wirthe.	Kapitalvermögen eines Jeden. Rthlr.	Kapitalvermögen aller in Summe. Rthlr.
	2	500000	1000000
	2	450000	900000
	5	400000	2000000
	3	360000	1080000
	6	350000	2100000
	5	320000	1600000
	7	300000	2100000
	2	280000	560000
	5	250000	1250000
	7	230000	1610000
	1	220000	220000
	8	200000	1600000
	5	180000	900000
	10	150000	1500000
	8	130000	1040000
	5	120000	600000
	33	100000	3300000
	23	90000	2070000
	29	80000	2320000
	27	70000	1890000
	32	60000	1920000
	79	50000	3950000
	41	45000	1845000
	52	40000	2080000
	55	35000	1925000
	83	30000	2490000
	58	25000	1450000
	102	20000	2040000
	30	18000	540000
	45	16000	720000
	69	15000	1035000
	72	12000	864000
	268	10000	2680000
Latus	1178	. . .	43179000
Transport	1178	. . .	43179000
	53	9000	477000
	171	8000	1368000
	64	7000	448000
	181	6000	1086000
	391	5000	1955000
	84	4500	378000
	212	4000	848000
	94	3500	329000
	261	3000	783000
	105	2800	294000
	116	2500	290000
	124	2300	285200
	371	2000	742000
	218	1800	392400
	394	1500	591000
	461	1200	553200
	1975	1000	1975000
	524	900	471600
	962	800	769600
	733	700	513100
	645	650	419250
	1026	600	615600
	811	550	446050
	1627	500	813500
	1312	450	590400
	2895	400	1158000
	2117	350	740950
	3784	300	1135200
	3116	250	779000
	5609	200	1121800
	6884	150	1032600
	14221	100	1422100
	11176	unter 100	731450
Summe	62972	. . .	78734000

III. Die besoldete Klasse.

	Zahl der zu dieser Klasse gehörenden Familien oder Wirthe.	Kapitalvermögen eines Jeden. Rthlr.	Kapitalvermögen aller in Summe. Rthlr.		Zahl der zu dieser Klasse gehörenden Familien oder Wirthe.	Kapitalvermögen eines Jeden. Rthlr.	Kapitalvermögen aller in Summe. Rthlr.
	2	150000	300000	Transport	733	. . .	6705500
	3	100000	300000		209	3500	731500
	5	80000	400000		314	3000	942000
	3	60000	180000		323	2500	807500
	10	50000	500000		617	2000	1234000
	8	40000	320000		426	1500	639000
	16	30000	480000		1591	1000	1591000
	19	20000	380000		407	800	325600
	21	15000	315000		529	600	317400
	26	10000	260000		592	500	296000
	35	9000	315000		562	400	224800
	47	8000	376000		554	300	166200
	52	7000	364000		654	250	163500
	65	6000	390000		1876	200	375200
	83	5000	415000		1112	150	166800
	117	4500	526500		2629	100	262900
	221	4000	884000		2634	unter 100	171100
Latus	733	. . .	6705500	Summe	15762	. . .	15120000)

Von dem Nazionalvermögen besitzt die Regierung	. .	78,317,000 Rthlr.
— produzirende Klasse		268,519,000 —
— industriöse	—	78,734,000 —
— besoldete	—	15,120,000 —
	Summe	440,690,000 Rthlr.

*) Ich glaube nur für wenig Leser die Anmerkung nöthig zu haben, daß es bei diesen 6 Tabellen auf einige 1000 Rthlr., welche zu wenig angegeben sind, nicht ankommt. Sowohl die Offizianten der Regierung, von welchen die Materialien zu diesen Tabellen aufgenommen werden, als die Personen selbst, deren Vermögen und Einkommen angegeben ist, werden in etwas zweifelhaften Fällen lieber beide Angaben zu gering als zu hoch machen.

Der Antheil eines jeden Einzelnen im Durchschnitt beträgt:

von der produzirenden Klasse	457 Rthlr.	12 Gr.	8 Pf.
— — industriösen —	357 —	6 —	3 —
— — besoldeten —	252 —	1 —	2 —

Funftes Kapitel.
Eintheilung der Provinz, und spezielle Statistik.

Die Provinz ist in 12 Kreise eingetheilt.

Der Kreis	A	hat 38 Quadratmeilen	und 2896	Morgen	Land.
— —	B	— 35 —	— 13270	—	—
— —	C	— 32 —	— 1875	—	—
— —	D	— 31 —	— 9317	—	—
— —	E	— 34 —	— 5403	—	—
— —	F	— 30 —	— 20829	—	—
— —	G	— 33 —	— 216	—	—
— —	H	— 32 —	— 5621	—	—
— —	I	— 31 —	— 14570	—	—
— —	K	— 36 —	— 862	—	—
— —	L	— 33 —	— 1723	—	—
— —	M	— 31 —	— 12306	—	—

Summe 400 Quadratmeilen.

Name des Kreises.	Zahl der in dem Kreise vorhandenen geschlossenen Städte.	Zahl der in demselben vorhandenen geschlossenen Dörfer.	Zahl der in demselben vorhandenen einzeln liegenden Etablissements, Güter und Gebäude.	Zahl der Jurisdikzionsbezirke, in welche der Kreis getheilt ist.
A	8	245	163	51
B	9	237	172	53
C	6	225	216	49
D	7	209	227	46
E	8	252	123	57
F	6	194	197	42
G	7	243	116	53
H	8	227	207	50
I	7	206	170	45
K	10	241	238	47
L	9	245	126	49
M	10	192	96	42
Summe	95	2716	2051	584

Der Kreis A enthält 847,332 Morgen Land.

Es leben in demselben 78,750 Menschen.

Er enthält 8 geschlossene Städte.

1) Die Stadt A.

Statistische Beschreibung derselben:

Flächeninhalt: 125 Morgen, 60 Quadratruthen.

Zahl der Häuser: 502; auf jedes Haus also 44⅘ Quadratruthen.

Zahl der Einwohner: 3520; auf jedes Haus 7 Menschen, auf jeden Menschen 7 Quadratruthen Fläche.

Die Einwohner sind:	Männer . .	954
	Frauen . .	794
	Söhne . .	730
	Töchter . .	533
	Handwerksgesellen	112
	Handwerkslehrlinge	95
	Dienstknechte .	54
	Dienstjungen .	21
	Mägde . .	237
	Summe	3520 in 774 Haushaltungen.

Das Territorium der Stadt enthält:

825	Morgen	kultivirten Acker.
135	—	Gärten.
327	—	Wiesen.
139	—	Anger und Viehweiden.
227	—	Holz.
75	—	Seen, Flüsse und Teiche.
161	—	Gebäude, Hofräume, Wege und anderes unbrauchbares Land.

Summe 1889 Morgen.

Kapitalwerth des Territoriums.

A. Grundstücke, welche ächten (ursprünglichen) Ertrag bringen.

Der Acker ist in 4 Felder einzutheilen:

1)	das erste Feld von	147 Morg.	à 116 Rtl.	Durchschnittskaufwerth	17,052 Rtl.
2)	— zweite —	— 385 —	à 94 —	— —	36,190 —
3)	— dritte —	— 276 —	à 86 —	— —	23,736 —
4)	— vierte —	— 17 —	a 70 —	— —	1,190 —
					78,168 Rtl.

Die

Transport 78,168 Rthlr.

Die Gärten werden angeschlagen:

76 Morgen à 184 Rthlr. Durchschnittskaufwerth	13,984 Rtl.	
59 — à 145 — — —	8,555 —	
		22,539 —

Die Wiesen werden angeschlagen:

283 Morg. Flußwiesen à 135 Rtl. Durchschn. Kaufw.	38,205 Rtl.	
44 — Feldwiesen à 90 — — —	3,960 —	
		42,165 —

Die Anger und Viehweiden werden angeschlagen:

56 Morgen à 45 Rthlr. Durchschnittskaufwerth	2,520 Rthlr.	
83 — à 36 — — —	2,988 —	
		5,508 —

Das Holzland nach der speziellen Berechnung sub (a) der Morgen 25 Rthlr. 10 Gr. . . . . 5,775 —

Die Gewässer nach der speziellen Angabe sub (b) . . . . . 2,150 —

Summe von A 156,305 Rthlr.

Der jährliche reine Ertrag würde hiernach à 4 Prozent betragen . 6252 Rthlr.

(a) Die 227 Morgen Holz sind Gemeine= oder Bürgerholzung, und das von denselben gewonnene Holz wird nicht verkauft, sondern unter die Bürger vertheilt. Nach einem 3jährigen Durchschnitt und nach dem Preise des aus andern Orten nach der Stadt gebrachten Holzes ist das aus dem Stadtholze jährlich gewonnene Bauholz zu 56, und das Brennholz zu 446 Rthlrn. anzuschlagen. Der Totalertrag wäre also 502 Rthlr., oder von jedem Morgen 2 Rthlr. 5 Gr. 1 Pf. — Der Förster und die Erhaltung der Holzung kosten jährlich 271 Rthlr., so daß 231 Rthlr. reiner Ertrag übrig bleiben; dies giebt jedem Morgen 1 Rthlr 5 Pf. reinen Ertrag und 25 Rthlr. 10 Gr. Kapitalwerth.

(b) Die Fischerei in den der Stadt zustehenden Gewässern ist an die Fischer von der Kämmerei für 86 Rthlr. jährlich verpachtet, und der Totalertrag derselben wird zu 629 Rthlrn. geschätzt; so daß der reine Ertrag nur 14 Prozent vom Totalertrage ausmacht.

B. Grundstücke, welche unächten (abgeleiteten, Zirkulazions=) Ertrag bringen.

Die 502 Häuser in der Stadt sind in Rücksicht ihres Verkaufswerths in 8 Klassen zu theilen.

In die erste gehören 26 mit dem ohngefähren Werth von 2600 Rthlr. . 67,600 Rthlr.

	Transport	26				Transport		67,600 Rthlr.
In die zweite	gehören	37	mit dem ohngefähren Werth von	2100	Rthlr.	.		74,000 —
— — dritte	—	76	— — — — —	1600	—	.		121,600 —
— — vierte	—	98	— — — — —	1200	—	.		117,600 —
— — fünfte	—	76	— — — — —	900	—	.		68,400 —
— — sechste	—	111	— — — — —	700	—	.		77,700 —
— — siebente	—	35	— — — — —	550	—	.		19,250 —
— — achte	—	43	— — — — —	350	—	.		15,050 —
		502				Summe		561,200 Rthlr.

In der Brandversicherungssozietät sind die Gebäude versichert mit 397,850 Rthlr., welches von dem ausgemittelten Werth derselben 71 Prozent beträgt. In den letzten 6 Jahren hat die Stadt 36,987 Rthlr. Beiträge zu den in diesem Zeitraume in der ganzen Sozietät vorgekommenen Feuerschäden entrichten müssen; dies beträgt auf jedes Jahr 6164 Rthlr. 12 Gr., oder $1\frac{7}{13}$ Prozent des in der Assekuranzgesellschaft angenommenen Werths ihrer Gebäude.

Auf den Gebäuden der Stadt hafteten gerichtlich hypothezirte Schulden:

im Jahre 1801	.	127,321 Rthlr.
— — 1802	.	119,886 —
— — 1803	.	116,237 —
— — 1804	.	121,328 —

Auf den übrigen zu der Stadt gehörenden Grundstücken:

im Jahre 1801	.	34,397 Rthlr.
— — 1802	.	37,822 —
— — 1803	.	35,726 —
— — 1804	.	35,881 —

Der Viehstand der Stadt ist: 317 Pferde, von denen 67 nicht zum Ackerbau gebraucht werden.
16 Bullen und Ochsen.
112 Kühe.
35 Stück Jungvieh.
63 Kälber.
21 Hammel.
68 Schafe.
32 Lämmer.
172 Schweine.
78 Bienenstöcke.

Die jährliche Aussaat beträgt nach dem Durchschnitt der 3 letztern Jahre:			Der Ertrag war nach demselben Durchschnitt:
128	Scheffel	Weizen.	737 Scheffel.
357	—	Roggen.	1721 —
96	—	Gerste.	541 —
105	—	Hafer.	536 —
9	—	Erbsen.	35 —
48	—	Kartoffeln.	326 —
4	—	8 Metzen Leinsaamen.	

16 Morgen waren mit Tabak bepflanzt, und es wurden davon 82 Zentner Tabak gewonnen.

In den Gärten waren 1660 tragbare Obstbäume, welche 125 Scheffel Obst gaben.

11 Morgen waren mit Klee bepflanzt.

Der Ertrag der Bienenzucht war nach einem 3jährigen Durchschnitt jährlich 176 Quart Honig und 94 Pfund Wachs.

Berechnung des Totalertrags aller zu ächtem Ertrage zu benutzenden Grundstücke.

	Ertrag nach Abzug der Aussaat:		Preis nach dem Durchschnitt der letzten 3 Jahre:		
Weizen	609 Scheffel	2 Rthlr.	— Gr.	1218 Rthlr.
Roggen	1364 —	1 —	16 —	2273 —
Gerste	445 —	1 —	8 —	593 —
Hafer	431 —	— —	20 —	359 —
Erbsen	26 —	2 —	— —	52 —
Kartoffeln	278 —	— —	14 —	162 —
Leinsaamen, den Scheffel à 25 Rthlr.				112 —
Tabak, 82 Zentner, à 7 Rthlr.				574 —
Vom Gartenlande:	125 Scheffel Obst, a 2 Rthlr.			250 —
	an Gartenfrüchten im Durchschnitt			2920 —
Von der Viehzucht:	112 Kühe, a 36 Rthlr. Totalertrag nach Abzug eines Zehntheils für güste Kühe			3600 —
	35 Stück Jungvieh, à 6 Rthlr.			210 —
	121 — Schafvieh, à 1 Rthlr. 3 Gr.			138 —
	172 Schweine, a 1 Rthlr. 18 Gr.			301 —
			Latus	12762 Rthlr.

	Transport	12762 Rthlr.
Bienenstand: 176 Quart Honig, à 15 Gr.	. . . .	110 —
94 Pfund Wachs, à 14 Gr.	. . . .	55 —
Ertrag der Holzung	. . . .	502 —
— — Fischerei	. . . .	629 —
	Summe des Totalertrags	14058 Rthlr.

Der reine Ertrag (6252 Rthlr.) beträgt hiernach 44½ Prozent des Totalertrags.

Gewerbe der Einwohner.

Verschiedene Nahrungszweige oder Gewerbe der Einwohner.	Zahl der in jedem Gewerbe gezählten.	Jährliches Einkommen dieser Personen nach einem ohngefähren Durchschnitt, oder bei den Besoldeten nach bestimmten Angaben. Rthlr.	Davon beträgt das, was diese Personen von den Städtebewohnern selbst erwerben, oder das Zirkulazionseinkommen dieser Klasse. Rthlr.
Soldaten	293	11675	—
Königliche Offizianten	12	5067	—
Magistratsoffizianten	9	4646	4400
Kirchenoffizianten	14	5870	3662
Schuloffizianten	8	2250	1366
Gutsbesitzer, die hier wohnen, aber nicht Grundstücke hier besitzen	7	15630	—
Ackerbesitzer	25	7800	—
Fischer	7	2150	—
Gärtner	6	2200	—
Rentenirer	5	4860	2520
Wollfabrikanten	66	65500	6400
Leinweber	20	3500	1700
Schneider	34	9300	5250
Schuhmacher	26	5700	4200
Fleischer	12	3600	3100
Schiffer	11	5800	200
Branntweinbrenner	10	4550	1850
Tischler	9	2800	1500
Latus	574	162898	36148

Verschiedene Nahrungszweige oder Gewerbe der Einwohner.	Zahl der in jedem Gewerbe gezählten.	Jährliches Einkommen dieser Personen nach einem ohngefähren Durchschnitt, oder bei den Besoldeten nach bestimmten Angaben. Rthlr.	Davon beträgt das, was diese Personen von den Städtebewohnern selbst erwerben, oder das Zirkulazionseinkommen dieser Klasse. Rthlr.
Transport	574	162898	36148
Bäcker	9	2900	2300
Krämer	8	3500	2300
Seifensieder	8	3400	2100
Schmiede	8	2900	2600
Seiler	8	3100	1400
Weißgerber	7	3200	1600
Böttcher	6	1700	900
Sattler	6	1850	1200
Gastwirthe	5	2600	1550
Müller	5	2100	1600
Schlosser	5	1600	1000
Barbierer	4	1500	1250
Maurer	4	2500	2500
Zimmermänner	4	2300	2300
Töpfer	4	1100	700
Stellmacher	4	1600	900
Kaufleute	3	7600	2500
Destillateurs	3	1100	450
Nadler	3	880	800
Drechsler	3	1070	830
Hutmacher	3	2100	1400
Kupferschmiede	3	620	230
Friseurs	2	580	540
Steinmetzer	2	670	290
Färber	2	730	440
Brauer	2	820	820
Knopfmacher	2	560	500
Glaser	2	630	460
Nagelschmiede	2	430	260
Kürschner	2	520	370
Latus	703	219058	62238

Verschiedene Nahrungszweige oder Gewerbe der Einwohner.	Zahl der in jedem Gewerbe gezählten.	Jährliches Einkommen dieser Personen nach einem ohngefähren Durchschnitt, oder bei den Besoldeten nach bestimmten Angaben. Rthlr.	Davon beträgt das, was diese Personen von den Städtebewohnern selbst erwerben, oder das Zirkulazionseinkommen dieser Klasse. Rthlr.
Transport	703	219058	62238
Gürtler	2	560	320
Goldschmidt	1	470	210
Apotheker	1	620	480
Buchbinder	1	300	260
Schornsteinfeger	1	730	430
Kunstpfeifer	1	870	380
Förster	1	350	—
Uhrmacher	1	590	280
Korbmacher	1	280	260
Bürstenmacher	1	260	190
Arzt	1	600	350
Tagelöhner	85	9020	6380
Hülfsarbeiter	86	11360	8260
Ohne bestimmtes Gewerbe	59	7350	4100
Hospitaliten	9	740	130
Summe	954	253158	94268

Von der Hauptsumme der 253,158 Rthlr. muß die durch die Zirkulazion erzeugte Summe mit . . . 94,268 — abgezogen werden, um das ächte Einkommen der Stadt . . 158,890 Rthlr. zu erhalten. Hiervon sind aber ebenfalls die unten spezifizirten Abgaben der Stadt, abzuziehen mit . 28,191 Rthlrn. so daß die Summe von . . 130,699 Rthlrn. das wirkliche ächte Einkommen der Stadt ausmacht.

Wenn diese Summe auf die 3520 Einwohner der Stadt zu gleichen Theilen eingetheilt wird, so beträgt die Porzion jedes Einzelnen 37 Rthlr.

Wenn sie auf die 774 Haushaltungen eben so vertheilt wird, so beträgt die Porzion für eine jede jährlich 168 Rthlr. 20 Gr.

Abgaben und Finanzen.

Die Akzise-Einnahme betrug . . . . 21,282 Rthlr.
7 Offizianten haben jährliches Einkommen . 2336 Rthlr.
andere Administrazionskosten . . . 527 —

2,863 —

Netto-Einnahme 18,419 Rthlr.

Alle übrige Abgaben der Einwohner an Königl. Kassen, als Stempel ꝛc. 4,624 Rthlr.

Die Lotterie entzog der Stadt jährlich . . . . 280 —

Das Postamt hatte jährlich . . . . 8721 Rthlr. Totaleinnahme;
die Erhaltung der 5 Offizianten kostete jährlich 2731 Rtl.
— — der andern hiezu nöthigen Anstalten, Pferde, Wagen ꝛc. . . 3136 —

5867 Rthlr.

so daß der reine Ertrag des Postamts sich jährlich auf 2854 Rthlr. belief, von welcher Summe aber nur 905 Rthlr., als von der Stadt A aufgekommen, in die Berechnung gebracht werden können.

Die Kämmerei-Einnahme betrug nach dem Durchschnitt der letztern 3 Jahre jährlich . . . . 5623 Rthlr.
wovon 2781 Rthlr. aus liegenden Gründen
und 2842 — durch Abgaben der Einwohner aufgebracht wurden.

In den letzten 6 Jahren hat die Stadt 36,987 Rthlr. Beiträge zu den in diesem Zeitraume in der ganzen Sozietät vorgekommenen Feuerschäden bezahlen müssen; dies beträgt auf jedes Jahr 6164 Rthlr. 12 Gr., oder $1\frac{7}{13}$ Prozent des in der Assekuranzgesellschaft angenommenen Werths ihrer Gebäude. Dagegen hat sie in diesen 6 Jahren als Ersatz der in der Stadt verbrannten ꝛc. ꝛc. Gebäude 36,297 Rthlr. aus der Generalsozietätskasse erhalten, so daß unter die jährlichen Abgaben der Stadt $\frac{1}{6}$tel des Ueberschusses von 690 = 115 Rthlr. angesetzt werden muß.

Die Garnison besteht aus 7 Offiziers, 18 Unteroffiziers und 268 Gemeinen; diese erhalten aus Königlichen Kassen jährlich 11675 Rthlr.

An Servis muß die Stadt für sie aufbringen 985 Rthlr.

Der Magistrat der Stadt besteht aus
1 Polizeibürgermeister, dessen jährliches Einkommen 835 Rthlr.
1 Justizbürgermeister, — — — 811 —

Latus 1646 Rthlr.

	Transport	1646 Rthlr.
2 Rathmännern, deren jährliches Einkommen	.	1278 —
5 Subalternen, — — —	.	1722 —
Unterhaltungskosten, Baukosten, Anstalten ꝛc.	.	1012 —
	Summe	5658 Rthlr.

Von dieser Summe, welche den für die Polizei und Justizanstalten nöthigen Aufwand ausmacht, kommen auf Rechnung der Polizei 3132 Rthlr.
und auf Rechnung der Justizanstalten 2526 —

Zu der Summe der 5658 Rthlr. werden 1258 aus den Einkünften der Kämmerei, 1322 Rthlr. durch Abgaben der Stadtbewohner und 3078 Rthlr. durch Gerichts- und Polizeisporteln gezogen.

Zu der Summe, was der Stadt die Justiz jährlich kostet, gehören noch die Einnahmen von 3 Justizkommissarien, welche hier wohnen, in so fern sie ihr Einkommen von Bewohnern der Stadt ziehen; diese Summe kann jährlich auf 1300 Rthlr. angeschlagen werden.

In der Stadt sind 3 Kirchen, 2 katholische und eine protestantische, mit 5 katholischen Geistlichen, 2 protestantischen Predigern und 7 Kirchendienern.

Die erste katholische Kirche besitzt ein Grundstück, das ihr jährlich einbringt	122 Rthlr.
Die übrigen Einnahmen derselben durch Abgaben der Eingepfarrten und Beiträge sind	1346 —
Summe	1468 Rthlr.
Die 2te besitzt ein Grundstück, das ihr jährlich einbringt .	635 Rthlr.
die übrige Einnahme ist . .	1729 —
Summe	2364 Rthlr.
Die protestantische Kirche besitzt keine Grundstücke, und ihre jährlichen Einkünfte durch Abgaben und Beiträge der Gemeine sind . .	1136 Rthlr.
Das Einkommen der 5 katholischen Geistlichen ist jährlich . .	3227 Rthlr.

wovon 328 Rthlr. aus Grundstücken, 1522 aus der Kirchenkasse und 1377 aus den jur. stolae einkommen.

Das Einkommen der 2 protestantischen Prediger ist jährlich . 1318 Rthlr. wovon 572 Rthlr. aus der Kirchenkasse und 746 Rthlr. aus den jur. stolae einkommen.

Die 7 Kirchendiener haben ein jährliches Einkommen von . . 1325 Rthlr. wovon 786 Rthlr. aus der Kirchenkasse und 539 Rthlr. aus ihren Akzidenzien von den Gemeinen fließen.

Die

Die 3 öffentlichen Schulen haben 8 Lehrer, welche jährlich 2250 Rthlr. Einkommen genießen; davon tragen die Kirchenkassen, denen auch die Erhaltung der Gebäude, Anschaffung des Holzes ꝛc. obliegt, 884 Rthlr., die Beiträge der Gemeine 646 Rthlr. und das Schulgeld 720 Rthlr.

Von den 2 Hospitälern in der Stadt wird das eine von der katholischen, und das andere von der protestantischen Gemeine erhalten.

Das katholische besitzt ein Grundstück, das 196 Rthlr. Ertrag jährlich giebt; durch Kollekten und aus den Kirchenkassen erhält es
noch jährlich . . . . 327 —
Summe 523 Rthlr.

Das protestantische besitzt einen Garten mit . 27 Rthlr. jährlichem Ertrag;
und durch Kollekten ꝛc. . . . . 187 — jährliche Einnahme.
Summe . 214 Rthlr.

Zur Erhaltung der Armen wird im Durchschnitt jährlich von den Einwohnern die Summe von 1327 Rthlrn. durch Kollekten zusammengebracht und vertheilt.

Nach dem Durchschnitt der letzten 3 Jahre beträgt die jährliche Konsumzion von den in folgender Nachweisung verzeichneten Gütern:

Namen der Produkte.	Maaß, Gewicht ꝛc.	Quantität.	Mittelpreis.			Werth in Summe.		
			Rtlr.	Gr.	Pf.	Rthlr.	Gr.	Pf.
Zum Backen:								
Weizen	Scheffel.	1630	2	—	—	3260	—	—
Roggen	dito	22007	1	16	—	36678	8	—
Gerste	dito	819	1	—	—	819	—	—
Zum Bierbrauen:								
Gerste	dito	2116	1	—	—	2116	—	—
Zum Branntweinbrennen:								
Weizen	dito	215	2	—	—	430	—	—
Roggen	dito	2871	1	16	—	4785	—	—
Gerste	dito	875	1	—	—	875	—	—
Andere Bedürfnisse:								
Hafer	dito	596	—	20	—	496	16	—
Erbsen	dito	154	2	—	—	308	—	—
Latus	—	—	—	—	—	49768	—	—

Namen der Produkte.	Maaß, Gewicht 2c.	Quantität.	Mittelpreis.			Werth in Summe.		
			Rtlr.	Gr.	Pf.	Rthlr.	Gr.	Pf.
Transport	—	—	—	—	—	49768	—	—
Linsen	Scheffel.	35	2	—	—	70	—	—
Hirse	dito	21	2	12	—	52	12	—
Oehl	Tonnen.	129	17	—	—	2193	—	—
Fremde feine Weine . .	Eimer.	5	50	—	—	250	—	—
— ordinaire Weine . .	dito	117	20	—	—	2340	—	—
Fremder Branntwein . .	Quart.	116	—	8	—	38	16	—
Einheimischer Branntwein . .	dito	521	—	5	—	108	13	—
Einländisches Bier	dito	1311	—	—	10	45	12	6
127 Ochsen, Kühe, Stiere u. Fersen	Pfund.	46725	—	1	9	3407	—	6
1085 Kälber, Hammel, Schafe und Ziegen	dito	27382	—	1	6	1711	9	—
848 Schweine	dito	95826	—	2	—	7985	12	—
Hartes Holz	Klaftern a 108 K. F.	3815	4	—	—	15260	—	—
Weiches Holz	dito	8529	3	—	—	25587	—	—
Steinkohlen	Scheffel.	136	—	10	—	56	16	—
Torf	Klaftern.	725	1	8	—	966	16	—
Kaffee	Pfund.	3835	—	15	—	2396	21	—
Zucker	dito	5786	—	11	—	2651	22	—
Syrup	dito	37025	—	3	—	4628	3	—
Zitronen, Pomeranzen u. Apfelsinen	Stück.	327	—	1	—	13	15	—
Zimmet und anderes Gewürz .	Werth	—	—	—	—	998	—	—
Kanaster	Pfund.	38	1	12	—	57	—	—
Rauchtabak	dito	21737	—	8	—	7245	16	—
Schnupftabak	dito	2506	—	8	—	835	8	—
Summe	—	—	—	—	—	128667	—	—

Nach dem Durchschnitt der 3 letzten Jahre bedurfte die Stadt jährlich:

An ausländischen, in obiger Tabelle begriffenen Waaren für .	11730 Rthlr.
An ausländischen Fabrik- und Handwerkswaaren für . .	5923 —
An Fracht- und Arbeitslohn an Ausländer für . . .	516 —
Summe	18169 Rthlr.

Die Stadt verkaufte dagegen an das Ausland:

An Wollenwaaren für	53127 Rthlr.
An andern Produkten für	1739 —
Schiffer 2c. verdienten an Arbeitslohn von Ausländern . . .	1927 —
Summe	56793 Rthlr.

Nach dem Durchschnitt der letzten 6 Jahre war in der Stadt die Zahl der jährlich geschlossenen Ehen 89

die Zahl der jährlichen Geburten 153

— — — — Sterbefälle . . 151

In den Schulen der Stadt befanden sich am ersten Dezember

im	Jahre	1800	127	Schüler.
—	—	1801	135	—
—	—	1802	137	—
—	—	1803	129	—
—	—	1804	132	—
—	—	1805	136	—

---

2) Von den übrigen 7 Städten folgen hier nur einige Resultate summarisch:

Der Flächeninhalt derselben ist 821 Morgen 70 Quadratruthen.

Die Zahl der Häuser 3491.

Die Zahl der Einwohner 25,172 in 5382 Haushaltungen.

Die Territorien derselben enthalten 16987 Morgen.

Der Kapitalwerth der Grundstücke, welche ursprünglichen Ertrag bringen, ist 1,106,000 Rthlr.

Der jährliche reine Ertrag derselben würde hiernach (zu 4 Prozent) betragen 44,240 Rthlr.

Der Werth der Grundstücke, welche abgeleitetes oder Zirkulazionseinkommen bringen, ist 3,621,000 Rthlr.

In der Brandversicherungssozietät sind die Gebäude versichert mit 3,298,000 Reichsthalern.

In den letzten 6 Jahren haben die Städte 251,816 Rthlr. zu dieser Sozietät beitragen müssen; da aber der Beitrag, den sie für Brandschäden erhielten, in diesen 6 Jahren 249,596 Rthlr. beträgt, so ist der baare Geldbeitrag der 7 Städte zu dieser Sozietät zu 370 Rthlrn. anzusetzen.

ꝛc. ꝛc. ꝛc.

Unter den 51 Jurisdikzionsbezirken, in welche der Kreis, außer den Städten, eingetheilt ist, befinden sich 14 Domainen= und 37 Patrimonialjurisdikzionen.

Die Domainenjurisdikzion O hat 4 Dörfer und 5 einzelne Etablissements.

88 Wohnhäuser, 2 Kirchen, 3 Schulen, 57 Ställe, 63 Scheunen, 16 Schoppen.

Die Zahl der Einwohner ist 839.

Das Territorium enthält 11,423 Morgen.

Dieses ist so vertheilt, daß zu

dem Amtsvorwerke . . . . . . 1673 Morgen,

den Gütern der Amtseinsassen . . . 8357 —

den Grundstücken der 5 Etablissements: 3 Mühlen, 1 Glashütte, 1 Ziegelei . . . 1171 —

den bebauten Plätzen, Höfen, Straßen, Wasser xc. . . . . 222 — gehören.

Das Amtsvorwerk enthält:

nach der Spezifikazion an Aeckern, Wiesen, Weiden xc., dessen Aussaat und Ertrag, Viehstand, Kapitalwerth, wie es die im ersten Kapitel von der ganzen Provinz angegebenen Notizen hier im speziellen erfordern.

Die Güter der Amtseingesessenen bestehen in:

25 Bauergütern mit . . .	5122	Morgen	Land.
16 Halbbauergütern mit . .	2019	—	—
22 Kossätengütern mit . .	1138	—	—
14 Häusler- und Gärtnerstellen mit	78	—	—

Von diesen Grundstücken folgen dieselben Notizen nach den verschiedenen Beziehungen.

Die Patrimonialjurisdikzion S hat:

5 Dörfer, 2 einzeln liegende Mühlen;

97 Wohnhäuser, 1 Kirche, 3 Schulen xc.

Die Zahl der Einwohner ist 872.

Das Territorium enthält 12870 Morgen;

davon gehört:

zum Vorwerke der Gerichtsherrschaft 2736 Morgen,

xc. xc. xc.

Die Verhältnisse der Untersassen zu der Grund- oder Gerichtsherrschaft nehmen den größten Theil einer solchen Spezialstatistik ein; da ich aber anderwärts Gelegenheit finden werde, über diese Verhältnisse in Hinsicht auf den preußischen Staat genaue Auskunft zu geben, so lasse ich diese Rubrik hier um so mehr unausgefüllt, da sie erstens im allgemeinen in dem 7ten Kapitel vorkommt, und da zweitens dergleichen Notizen wenig Werth haben, wenn nicht der Ort angegeben ist, in dem sie jetzt wirklich vorhanden sind, welches in dieser Schrift nach dem Plane derselben nicht geschehen konnte.

Sechstes Kapitel.

Anstalten des Staats für außere und innere Sicherheit, Bildung der Staatsbürger und Versorgung der Armen.

Erster Abschnitt.

Militair.

Die Provinz ist in 4 militairische Bezirke (Kantons) eingetheilt, und einem jeden Korps ist zu seiner Komplettirung an Mannschaft ein solcher Bezirk angewiesen.

Der Kanton des Infanterieregiments Nro. 1.	enthält	27,817	Wohnhäuser.
— — — — — 2.	—	26,182	—
— — — — — 3.	—	28,315	—
— — — Kavallerieregiments	enthält . .	21,223	—
	überhaupt	103,537	Wohnhäuser.

Die Zahl der in denselben vorhandenen Menschen ist nach Abzug der zum Militair schon gehörenden Personen:

Im Kanton des Infanterieregiments Nro. 1.	223,929
— — — — — 2.	211,576
— — — — — 3.	228,370
— — — Kavallerieregiments . .	176,888
überhaupt	840,763

Nach den Gesetzen sind von der militairischen Konskripzion der Zahl nach befreiet:

Im Kanton des Inf. Reg. Nro. 1.	14,217.	Es bleiben also noch: 209,712.
— — — — — — 2.	10,822.	— — — — 200,754.
— — — — — — 3.	15,314.	— — — — 213,056.
— — — Kavallerieregiments	8,210.	— — — — 168,678.
überhaupt	48,563.	Es bleiben also noch: 792,200.

In den Kantonrollen sind eingetragen an Kantonpflichtigen männlichen Geschlechts:

Bei dem Infanterieregimente	Nro. 1.	40,217.
— — —	— 2.	39,326.
— — —	— 3.	40,991.
— — Kavallerieregimente	. .	28,371.
	überhaupt	148,905.

Unter diesen waren an diensttauglichen Mannspersonen zwischen 15 und 45 Jahren:

Bei dem Infanterieregiment	Nro. 1.	27,185
— — —	— 2.	26,071
— — —	— 3.	27,911
— — Kavallerieregiment	. .	17,524
	überhaupt	98,691

Verzeichniß der diensttauglichen Kantonisten nach ihrer körperlichen Größe.

Benennung des Korps.	Von 5 Fuß.	Von 5 Fuß und 1 Zoll.	Von 5 Fuß und 2 Zoll.	Von 5 Fuß und 3 Zoll.	Von 5 Fuß und 4 Zoll.	Von 5 Fuß und 5 Zoll	Von 5 Fuß und 6 Zoll	Von 5 Fuß und 7 Zoll	Von 5 Fuß und 8 Zoll	Von 5 Fuß 9 Zoll und drüber.	Summe.
Inf. Reg. 1.	5672	4831	3912	3671	2832	2614	2106	919	415	213	27185
— — 2.	5317	4672	3890	3421	2727	2539	2056	876	411	172	26071
— — 3.	5714	4927	4068	3735	2993	2606	2283	936	427	222	27911
Kavalleriereg.	3214	3091	2146	2070	2064	1762	2067	714	254	132	17524
Summe	19917	17521	14016	12897	10616	9521	8512	3445	1507	739	98691

Zur Komplettirung des Abganges dieser Regimenter ist in den letzten 10 Jahren an Mannschaft nöthig gewesen:

Namen der Korps.	Der Abgang in den 10 Jahren war:				Die Kantons mußten also in 10 Jahren liefern.
	Verabschiedet.	Gestorben.	Desertirt.	Zu andern Korps abgegeben.	
Infanterieregiment No. 1.	853	287	76	20	1236
— — 2.	791	291	39	20	1141
— — 3.	817	276	53	20	1166
Kavallerieregiment . .	513	151	8	—	672
Summe	2974	1005	176	60	4215

Die jährliche Durchschnittssumme der ausgehobenen Kantonisten ist also in der ganzen Provinz 422.

Zur Komplettirung der 960 Pferde sind jährlich 96 erforderlich.

Die Zahl der ausgetretenen Kantonisten, vor der Aushebung derselben, war in den letzten 10 Jahren:

Aus dem Kanton des Infanterieregiments	Nro. 1. .	223
— — — — —	— 2. .	149
— — — — —	— 3. .	211
— — — — Kavallerieregiments	. .	24
	überhaupt	607
	im Durchschnitt jährlich	61

Zweiter Abschnitt.

Polizeianstalten.

Die Zahl der öffentlichen Brunnen in den Städten ist 2356.

Die Unterhaltung derselben in baulichem Stande kostet nach einem 6jährigen Durchschnitt
jährlich . . . . 4043 Rthlr. 16 Gr.
ein jeder also . . . . 1 — 17 — $\frac{1}{2}$ Pf.

Mit Laternen sind 25 Städte versehen, um des Abends und einen Theil der Nacht die Straßen zu erleuchten; die Zahl derselben ist 6528.

Die Unterhaltung der Laternen selbst kostet nach einem 6jährigen Durchschnitt jährlich	713 Rthlr.
An Oehl werden jährlich gebraucht 1522 Tonnen, à 17 Rthlr. . . .	24,374 —
Für Putzen und Anstecken derselben	5,850 —
überhaupt	30,937 Rthlr.

Die Unterhaltungskosten einer jeden Laterne sind also jährlich 4 Rthlr. 17 Gr. $8\frac{1}{8}$ Pf.

Diese 25 Städte haben 11,827 Häuser; wenn die übrigen Städte auch Laternen erhalten sollten, so würden nach diesem Verhältniß noch 12011 Stück nöthig seyn, deren jährliche Erhaltung 56,920 Rthlr. 4 Gr. 1 Pf. kosten würde.

Zur Reinigung der Straßen werden in 32 Städten Karren und Pferde unterhalten; die Zahl der Karren ist 207, und die Zahl der dazu bestimmten Pferde 238.

Zur Unterhaltung der Karren ist nach einem 6jährigen Durchschnitt jährlich nöthig . . . . 892 Rthlr.

Zur Unterhaltung der Pferde zu diesem Behuf (da sie noch außerdem zu andern Geschäften gebraucht werden) ist nöthig:

a) Kapitalkosten zu Anschaffung des Abganges . . .	872 —
b) Jährliche Unterhaltung der Pferde	6,763 —
Lohn für die dabei angestellten Personen	1,865 —
überhaupt	10,392 Rthlr.

Diese 32 Städte haben 13,865 Häuser; wenn die übrigen Städte auch dergleichen Anstalten erhalten sollten, so würde nach diesem Verhältniß der jährliche Aufwand dafür 15,486 Rthlr. betragen.

In allen Städten waren zur Nachtwache angestellt 463 Wächter; sie erhalten jährlich an Lohn für ihre Dienste 19,884 Rthlr.

Die Unterhaltung des Straßenpflasters in den Städten kostete nach den Rechnungen der Kämmereien, nach einem 6jährigen Durchschnitt, jährlich in allen Städten in Summe 38,397 Rthlr.

In den Dörfern sind dergleichen Anstalten zu verschieden, und sie lassen sich gar nicht im allgemeinen nach Geld anschlagen. Die Kosten, welche die Kommunen auf dem platten Lande zur Erhaltung der Polizeianstalten aufbringen, werden im folgenden Kapitel angegeben werden.

Einige allgemeine Anstalten, die hieher gehören, sind noch einer statistischen Darstellung fähig.

1. Die allgemeine Wittwenverpflegungsanstalt.

Einem jeden, außer den Militairpersonen, ist es erlaubt, derselben beizutreten, und seiner ihn überlebenden Wittwe ein Jahrgehalt zu versichern.

Es sind jetzt an dieser Anstalt in der Provinz 1315 Theilnehmer; von diesen haben ihren Wittwen versichern lassen:

32 ein Jahrgehalt von 500 Rthlr. (als das höchste, welches zugestanden wird.)
41 — — — 450 —
54 — — — 400 —
62 — — — 350 —
167 — — — 300 —
116 — — — 250 —

Latus 472

Transport 472			
183	ein Jahrgehalt von 200 Rthlr.		
182 —	—	— 150 —	
208 —	—	— 100 —	
163 —	—	— 50 —	
107 —	—	— 25 —	(als das geringste Quantum.)
1315			

Pensionirt werden jetzt 217 Wittwen, und zwar:

1 mit 500 Rthlr.	.	500 Rthlr.
3 — 400 —	.	1,200 —
2 — 350 —	.	700 —
16 — 300 —	.	4,800 —
12 — 250 —	.	3,000 —
28 — 200 —	.	5,600 —
33 — 150 —	.	4,950 —
48 — 100 —	.	4,800 —
41 — 50 —	.	2,050 —
33 — 25 —	.	825 —
217		28,425 Rthlr.

Die Administrazionskosten der Anstalt betragen jährlich	5,872 Rthlr.
	34,297 Rthlr.

Die als zurück zu zahlendes Kapital von den Theilnehmern der Anstalt übergebene Summe ist . . . . . . 403,800 Rthlr. *)

davon sind baar bezahlt 180,500 Rthlr.
und in Wechseln . . 223,300 —

Das letztere Kapital muß von den Theilnehmern mit 5 Prozent jährlich verzinset werden; dies beträgt an jährlicher Einnahme für die Kasse .	11,165 Rthlr.	— Gr.	
Von dem baaren Kapital sind ausgethan:			
146,000 Rthlr. zu 5 Prozent	7,300 —	— —	
34,500 — — 4 —	1,380 —	— —	
Die jährlichen Beiträge der Mitglieder sind in Summe . .	17,665 —	18 —	
Latus	37,510 Rthlr.	18 Gr.	

*) Die Verhältnisse, nach denen die Kapitaleinlagen und die jährlichen Beiträge bestimmt werden, können, der weitläuftigen Berechnung wegen, hier nicht beigebracht werden.

Transport	37,510 Rthlr. 18 Gr.
Das von der Anstalt seit ihrer Entstehung gesammelte, ihr eigenthümlich gehörende, Kapital beträgt jetzt 823,000 Rthlr.	
davon sind 412,000 Rthlr. zu 5 Prozent	20,600 — — —
und 411,000 — — 4 —	16,440 — — —
ausgethan, so daß die jetzigen jährlichen Einkünfte der Anstalt insgesammt betragen	74,550 Rthlr. 18 Gr.
Die jetzige jährliche Ausgabe derselben ist	34,297 Rthlr. — Gr.
sie kann also ihr Kapital, wenn die Verhältnisse so bleiben, jährlich vermehren mit	40,253 Rthlr. 18 Gr.

---

2. Chausseen, Kanäle und schiffbare Flüsse im Lande.

A. Die Länge der in der Provinz angelegten Chausseen beträgt überhaupt 52 Meilen 576 Rheinl. Ruthen (die Meile zu 2000 Rheinl. Ruthen gerechnet). Nach den Generalrechnungen hat die Anlegung derselben gekostet 853,598 Rthlr. 12 Gr.

Eine jede Meile hat also 16,325 Rthlr. 9 Gr.
und eine jede Ruthe 8 — 3 — 10 Pf. gekostet.

Zur Unterhaltung der Chausseen sind nach einem 6jährigen Durchschnitt jährlich erforderlich: An Besoldungen . 13,281 Rthlr.
An andern Kosten . 10,855 — 12 Gr.
überhaupt 24,136 Rthlr. 12 Gr.

Die jährliche Unterhaltung einer Meile kostet also 461 Rthlr. 15 Gr.
— — — — Ruthe — — . . 5 — $6\frac{2}{20}$ Pf.

B. Die Provinz hat 2 schiffbare Kanäle zur Erleichterung der innern Kommunikazion, welche zusammen 4 Meilen, 1550 Rheinländische Ruthen lang sind.

Nach den Generalrechnungen hat die Anlegung derselben gekostet 312,543 Rthlr. 20 Gr.
Eine jede Meile hat also 65,617 Rthlr. 13 Gr. 6 Pf.
und eine jede Ruthe 32 — 7 — 4 — gekostet.

Zur Unterhaltung der Kanäle sind nach einem 6jährigen Durchschnitte jährlich erforderlich: An Besoldungen . 11,270 Rthlr.
— andern Kosten . 25,242 — 8 Gr.
überhaupt 36,512 Rthlr. 8 Gr.

Die jährliche Unterhaltung einer Meile kostet also 7856 Rthlr. 8 Gr.
— — — — Ruthe — — 3 — 22 — 3 Pf.

C. Zur Unterhaltung der Flüsse und Ströme für die Schiffahrt und Sicherstellung gegen schädliche Ueberschwemmungen müssen jährlich aufgewendet werden:

An Besoldungen für die dazu angestellten Offizianten	9,360 Rthlr.
— andern Kosten	3,271 —
Summe	12,631 Rthlr.

Die Provinz hat ein Irrenhaus, in welches alle durch Wahnsinn der öffentlichen Sicherheit schädlich gewordene Menschen aufgenommen werden müssen. Die Vermögenden, oder die, deren Angehörige Vermögen besitzen, müssen dort ihren Unterhalt, ihre Pflege und ärztliche Behandlung bezahlen; alle übrige aber werden unentgeltlich aufgenommen. In dem letztvergangenen Jahre betrug die Zahl der aufgenommenen Irr= und Wahnsinnigen 65. Im Hause waren gestorben 27; völlig geheilt entlassen 13; der öffentlichen Sicherheit für unschädlich anerkannt und daher ihren Angehörigen oder den Armenanstalten wieder überlassen 9. Die Zahl der am Ende des Jahres vorhandenen war 84.

Die jährlich für diese Anstalt aufzunehmenden Kosten betragen nach einem 6jährigen Durchschnitt:

Gehalt der dabei angestellten Offizianten und Wärter	5,227 Rthlr.
Unterhalt der Irr= und Wahnsinnigen	5,672 —
Kosten zur Erhaltung des Hauses, der Heizung, der Medizin und anderer Bedürfnisse	3,083 —
	13,982 Rthlr.
Die für aufgenommene Kranke jährlich einkommenden Pensionsgelder betragen	1,570 Rthlr.
Der wirkliche Aufwand ist also jährlich	12,412 Rthlr.

Dritter Abschnitt.

Justizwesen.

Die Provinz hat 2 Ober=Landes=Justizkollegien; sie sind besetzt mit:

2 Präsidenten, deren jährliches Diensteinkommen beträgt . .	6,870 Rthlr.
4 Direktoren	6,940 —
25 Räthen	28,756 —
Latus	42,566 Rthlr.

Transport	42,566 Rthlr.		
7 Assessoren, deren jährliches Diensteinkommen beträgt .	800 —		
18 Referendarien	400 —		
11 Sekretarien und Rendanten	7,260 —		
9 Registratoren	5,100 —		
14 Kanzellisten und Kopisten	5,840 —		
16 Boten und Aufwärter	3,528 —		
Zu Bedürfnissen der Kollegien, als: Erhaltung der Gebäude, Heizung, Schreibmaterialien, Druckerlohn, Porto, Botenlohn ꝛc.	12,397 —	8 Gr.	
überhaupt	77,891 Rthlr.	8 Gr.	
Die Einnahme der Sportulkasse beträgt nach einem 6jährigen Durchschnitt jährlich	69,827 Rthlr.	16 Gr.	8 Pf.
So daß aus der Staatskasse zur Erhaltung dieser Kollegien ein jährlicher Zuschuß nöthig ist von	8,063 Rtlrn.	15 Gr.	4 Pf.

Die Zahl der Untergerichte in der Provinz ist:

In den Städten	95
Auf dem Lande	584
	679

Bei denselben sind 448 Offizianten angestellt, indem in den Domainen in der Regel 2 und mehr Bezirke durch einen Justizbeamten, und bei andern Jurisdikzionen ebenfalls mehrere durch einen Beamten verwaltet werden; die Besoldung dieser Personen

erfordert jährlich	156,321 Rthlr.	16 Gr.	
und die übrigen zu diesem Behuf nöthigen Bedürfnisse .	73,524 —	12 —	
überhaupt	229,845 Rthlr.	4 Gr.	
Die Sportulkassen sämmtlicher Untergerichte haben nach einem 6jährigen Durchschnitt eine jährliche Einnahme von	213,621 Rtlrn.	5 Gr.	6 Pf.
so daß also von den Gerichtsherrschaften hierzu jährlich noch verwendet werden muß die Summe von	16,223 Rtlrn.	22 Gr.	6 Pf.

Die Verwaltung der Justiz kostet der Nazion jährlich 307,736 Rthlr. 12 Gr.

General-Zivil-Prozeß-Tabelle.

Vom 1sten Januar bis letzten Dezember 1806.

Namen der Jurisdikzionsbezirke.	Zahl der im Laufe des Jahres geschwebten Prozesse.	Zahl der aus frühern Jahren übernommenen Prozesse.	Zahl der im Laufe des Jahres angefangenen Prozesse.	Zahl der im Laufe des Jahres abgemachten Prozesse.	Zahl der verglichenen Prozesse.	Zahl der entsagten Prozesse.	Zahl der durch Erkenntniß abgemachten Prozesse.	Zahl der unbeendigt gebliebenen Prozesse.
Justizkollegium A.	3459	1338	2121	1779	165	207	1407	1680
— — B.	3228	1226	1957	1615	166	193	1256	1613
Untergerichte.								
a) Von der ersten Klasse:								
2 Stadtgerichte .	288	64	224	192	72	20	100	98
1 Landgericht . .	211	53	184	165	38	17	110	46
b) Von der zweiten Klasse:								
63 städtische Jurisdikzionen .	4612	1784	2828	2372	220	276	1876	2240
129 königliche Jurisdikzionen .	4180	772	3408	3388	896	304	2188	792
389 andere Jurisdikzionen . .	4512	569	3962	3862	1292	398	2172	650
Summe	20490	5806	14684	13373	2849	1415	9109	7117

Namen der Jurisdikzionsbezirke.	Zahl der bei diesen Gerichten geschwebten								Vormundschaften.
	Konkurs-Prozesse.		Liquidazions-Prozesse.		Subhastazions-Prozesse.		Ehescheidungs-Prozesse.		
	Bearbeitete.	Beendigte.	Bearbeitete.	Beendigte.	Bearbeitete.	Beendigte.	Bearbeitete.	Beendigte.	
Justizkollegium A.	15	6	9	3	3	1	58	31	840
— — B.	14	6	9	4	5	2	55	22	791
Untergerichte.									
a) Von der ersten Klasse:									
2 Stadtgerichte .	3	2	2	1	3	1	23	11	1527
1 Landgericht . .	1	—	2	1	2	1	14	8	1191
b) Von der zweiten Klasse:									
63 städtische Jurisdikzionen .	60	16	14	8	214	132	68	38	8088
129 königliche Jurisdikzionen .	8	4	4	2	32	24	23	9	6416
389 andere Jurisdikzionen . .	51	32	13	9	78	49	57	27	7271
Summe	152	66	53	28	337	210	298	146	26124

Kriminal-Tabelle.

Alle Behörden, welche Kriminaljurisdikzion ausüben, müssen jährlich eine Nachweisung von allen im vergangenen Jahre in ihrem Bezirk vollzogenen Kriminalstrafen einsenden; diese Tabelle vom Jahre 1806 ist folgende:

Namen der Verbrechen, welche in diese Tabelle aufgenommen werden.	Zahl der in diesem Jahre bestraften Verbrecher.
1. Hochverrath:	
A. Aeußere Staatsverbrechen	. . .
B. Innere Staatsverbrechen:	
a) Aufruhr	. . .
b) Widersetzlichkeit	3
c) Selbsthülfe	2
d) Erregung von Mißvergnügen	. . .
e) Erbrechung der Gefängnisse	. . .
f) Verhinderte Publikazion der Gesetze	1
2. Majestätsverbrechen	. . .
3. Beleidigung der Religion	2
4. Beleidigung der Rechte des Staats im allgemeinen	2
5. Münzverbrechen insbesondere	4
6. Amtsvergehungen im allgemeinen	2
7. Kassenverbrechen insbesondere	5
8. Deserzionsbeförderung	1
9. Deserzionsverheimlichung	. . .
10. Injurien, welche mit einer Kriminalstrafe geahndet werden	11
11. Todtschlag:	
a) vorsätzlicher	2
b) fahrlässiger	2
12. Mord	1
13. Vergiftung	. . .
14. Duell	6
15. Verbrechen durch uneheliche Schwangerschaft veranlaßt:	
a) verheimlichte Schwangerschaft und Geburt	3
b) ausgemittelter Kindermord	1
c) vermutheter Kindermord	2
d) Vergehen anderer, außer der Mutter	2
16. Körperliche Beschädigungen:	
a) mit Uebertretung eines Polizeigesetzes	5
Latus	57

Namen der Verbrechen, welche in diese Tabelle aufgenommen werden.	Zahl der in diesem Jahre bestraften Verbrecher.
Transport	57
b) ohne Uebertretung eines Polizeigesetzes	4
17. Befriedigung strafbarer Wollust:	
a) Blutschande	1
b) Nothzucht	. . .
c) Bigamie	1
d) Ehebruch	. . .
e) unnatürliche Wollust	. . .
f) strafbare Verführung und Kuppelei	3
18. Beleidigungen der Freiheit:	
a) Menschenraub	1
b) eigenmächtige Einsperrung	. . .
c) Entführung	. . .
19. Diebstahl:	
a) in Banden	. . .
b) ohne solche Verbindung	13
20. Raub:	
a) in Banden	. . .
b) ohne solche Verbindung	2
21. Straßenraub	1
22. Mordraub	. . .
23. Hehlerei der Diebe und Räuber, gestohlner und geraubter Sachen, auch Ankauf der letztern	4
24. Konkussion	. . .
25. Strafbarer Eigennutz und Betrug:	
a) Meineid	1
b) Bankerott	5
c) Verfälschung der Urkunden	2
d) Andere Arten dieser Verbrechen	9
26. Beschädigung des Vermögens aus Rache, Bosheit oder Muthwillen	2
27. Beschädigung mit gemeiner Gefahr	. . .
28. Brandstiftungen:	
a) vorsätzliche	1
b) fahrlässige	3
Summe aller bestraften Verbrecher	110

Davon sind bestraft:
mit dem Tode . . 4

mit

Transport	4
mit Landesverweisung	5
— Festung und Zuchthaus, 2 Jahre und drüber	89
überhaupt	98

In der ganzen Provinz sind 24 Kriminalgefängnisse, deren jährliche Unterhaltung nach einem 6jährigen Durchschnitt folgende Kosten verursacht:

	Rthlr.	Gr.
Gehalt für die dabei angestellten Offizianten	13,872	—
Unterhaltung der Gefangenen	7,116	8
Andere nöthige Kosten: Bau- und Reparaturkosten, Heizung, Transportkosten, Schreibmaterialien ꝛc.	6,319	12
	27,307	20
Die Inquisiten und die bestraften Verbrecher müssen arbeiten, und erwerben für die Anstalten, nach einem 6jährigen Durchschnitt, jährlich	6,824	9
so daß der Aufwand zur Erhaltung dieses Theiles der innern Sicherheit für die Nazion jährlich beträgt	20,483	11

Vierter Abschnitt.

Anstalten für Wissenschaften, öffentliche Erziehung und Bildung.

Die Provinz hat zwei Schullehrerseminarien; eins für gelehrte Schulen und eins für Bürger- und Elementarschulen.

Das erste ist mit 7 Lehrern besetzt, und die jährliche Unterhaltung desselben kostet:

An Gehalt für die Lehrer	2630 Rthlr.
— Unterstützung für die Seminaristen	750 —
— andern Kosten: Unterhaltung des Gebäudes, Heizung ꝛc. .	1557 —
überhaupt	4937 Rthlr.

Es liefert im Durchschnitt jährlich 10 Lehrer für gelehrte Schulen.

Das zweite hat 9 Lehrer, und die jährliche Unterhaltung desselben kostet:

An Gehalt für die Lehrer . . .	1620 Rthlr.
— Unterstützung für die Seminaristen	2360 —
— andern Kosten ꝛc.	3736 —
überhaupt	7716 Rthlr.

Es liefert im Durchschnitt jährlich 28 Lehrer für Bürger- und Elementarschulen.

16 Gymnasien oder Schulen der ersten Klasse.

Sie sind mit 158 Lehrern besetzt.

Die Zahl der im Januar 1806 darin vorhandenen Schüler war 1942.

Im Durchschnitt gehen aus diesen Schulen jährlich auf die Universität 78 Schüler.

Die Schulen kosteten nach einem 6jährigen Durchschnitt jährlich:

An Gehalt für die Lehrer	29,370 Rthlr.
— Schulgeld von den Schülern	12,660 —
— Unterhaltung der Gebäude, Holz, Licht und andern Kosten	19,371 —
überhaupt	61,401 Rthlr.

189 Schulen der zweiten Klasse. Stadtschulen, Bürgerschulen rc.

Sie sind mit 445 Lehrern besetzt.

Die Zahl der im Januar 1806 darin vorhandenen Schüler war 19871.

Diese Schulen kosteten nach einem 6jährigen Durchschnitt jährlich:

An Gehalt für die Lehrer	56,990 Rthlr.
— Schulgeld von den Schülern	22,870 —
— Unterhaltung der Gebäude, Holz, Licht und andern Kosten	73,925 —
überhaupt	153,785 Rthlr.

1114 Schulen der dritten Klasse, oder Elementarschulen in den Städten und auf dem Lande.

Sie sind mit 1270 Lehrern besetzt.

Die Zahl der im Januar 1806 darin vorhandenen Schüler und Schülerinnen war 64,562.

Die Lehrer haben aus Grundstücken, Naturalien, Gehalt und Schulgeld ein jährliches Einkommen von	108,945 Rthlr.
(also für Jeden 85 Rthlr. 18 Gr. 10 Pf.)	
Zur Erhaltung der Schulgebäude und Wohnungen der Schullehrer, zu Holz rc. betrug nach einem ungefähren Durchschnitt der jährliche Aufwand zu Geld berechnet . .	62,324 —
überhaupt	171,269 Rthlr.

Eine Handlungsschule mit 5 Lehrern hatte im Januar 1806 37 Schüler.

Die jährliche Einnahme der Lehrer ist	1620 Rthlr.
Die übrigen Unterhaltungskosten sind	772 —
überhaupt	2392 Rthlr.

3 Mönchs- und 2 Nonnen-Klöster beschäftigen sich mit dem Unterricht der Kinder.
Das Personal derselben besteht aus 31 Mönchen und 17 Nonnen.
Die Zahl der Schüler und Schülerinnen war im Januar 1806 . . 470.
Das Einkommen der Klöster beträgt jährlich:

Aus Grundstücken und Kompetenzgeldern . .	2370 Rthlr.
Von Almosen und Sammlungen	4780 —
überhaupt	7150 Rthlr.

von welcher Summe alle Bedürfnisse der Klöster bestritten werden.

Außer den angeführten Anstalten besitzen die Stiftungen zum Besten der Schullehrer und Schüler, zur Kultur der Wissenschaften, und die Stipendien für Studirende, in dieser Provinz ein Kapital von 237,872 Rthlr.
und das jährliche Einkommen davon beträgt 10,366 Rthlr. 14 Gr.

Fünfter Abschnitt.

Armenanstalten.

Waisenhäuser hat die Provinz 7.

4 derselben erhalten in den Anstalten 63 Waisen, bis zu dem Alter, wo sie für ihren Unterhalt selbst sorgen können.

Die 19 Offizianten bei diesen Anstalten kosten jährlich . .	5320 Rthlr.
Die Unterhaltung der Waisen	2646 —
Andere Ausgaben: zur Erhaltung der Gebäude, Heizung, Licht 2c.	3927 —
überhaupt	11893 Rthlr.

Eine jede dieser Waisen kostet also dem Staate jährlich 188 Rthlr. 18 Gr. 8 Pf.

3 dieser Anstalten haben ihre Gebäude verkauft, besolden eine jede nur einen Offizianten, als Vormund für die seiner Aufsicht übergebenen Waisen und thun die Kinder zu Familien in der Stadt und auf dem Lande in Kost, bis sie sich ihren Unterhalt selbst erwerben können. Sie unterhalten auf diese Art 229 Waisen und die jährlichen Ausgaben für dieselben sind:

Den 3 Vormündern . . .	210 Rthlr.
Kostgeld für die Waisen . .	7810 —
überhaupt	8020 Rthlr.

Eine jede dieser Waisen kostet hier dem Staate jährlich 35 Rthlr. 7 Gr.

Erwerbschulen. In der ganzen Provinz sind 43 solche Anstalten, welche sämmtlich mit den oben angegebenen Bürger- und Elementarschulen verbunden sind; sie sind so eingerichtet, daß die Kinder den Lohn für die Arbeit, die sie verrichtet haben, nach Abzug dessen, was sie verdorben haben, erhalten.

Im Anfange des Jahres 1806 hatten sie 778 Schüler und Schülerinnen, und der jährliche Aufwand zur Erhaltung derselben beträgt 11,368 Rthlr.

Die Kinder haben nach einem 3jährigen Durchschnitt für ihre Arbeiten jährlich erhalten 2791 Rthlr. 18 Gr.

2 Landarmenhäuser zur Aufnahme der auf den Dörfern herumgehenden Bettler und Vagabunden, um sie dort zur Arbeit anzuhalten.

Zu Anfang des Jahres 1806 waren in beiden Häusern 289 dergleichen Armen.

Der jährliche Aufwand zur Erhaltung dieser Anstalten ist nach einem dreijährigen Durchschnitt folgender:

Besoldung der 29 Offizianten	5783 Rthlr.
Unterhaltung der aufgenommenen Bettler . .	16537 —
Erhaltung der Gebäude, Holz und anderer Bedürfnisse	8272 —
	30592 Rthlr.
Durch die Arbeiten der Aufgenommenen wurde für die Anstalt erworben	12312 Rthlr.
Die wirklichen Unterhaltungskosten betrugen also . .	18280 Rthlr.

Hospitäler von mancherlei Art und Verfassung sind in der Provinz 420; und zwar: in den Städten 201,
auf den Dörfern 219.

In den städtischen Hospitälern waren zu Anfange des Jahres 1806 747 Hospitaliten.

Der feste Fonds, welcher zur Unterhaltung der städtischen Hospitäler bestimmt ist, und der in Gebäuden, Grundstücken und ausgethanenen Kapitalien besteht, beträgt . . . . 478,227 Rthlr.

Die jährliche Einnahme dieser Anstalten beträgt nach einem 6jährigen Durchschnitt . . . . 79,891 Rthlr.

Die jährlichen Ausgaben sind:

Besoldung und Erhaltung der angestellten Offizianten . .	21,616 Rthlr.
Erhaltung der Hospitaliten und baare Gaben an dieselben .	34,722 —
Latus	56,338 Rthlr.

	Transport	56,338 Rthlr.
Erhaltung der Gebäude, Feurung und andere allgemeine Ausgaben		21,817 —
Summe des jährlichen Aufwandes .		78,155 Rthlr.

In den 219 Hospitälern auf dem Lande waren 477 Hospitaliten.

Der feste Fonds derselben ist 211,321 Rthlr.

Die jährliche Einnahme beträgt nach einem 6jährigen Durchschnitt, wenn alle Naturalien zu Geld angeschlagen werden . . 34,717 Rthlr.

Die jährlichen Ausgaben sind:

Für die dabei angestellten Offizianten . .	7,816 Rthlr.
Erhaltung der Hospitaliten	18,924 —
— — Gebäude ꝛc.	7,690 —
Summe des jährlichen Aufwandes	34,430 Rthlr.

26 einzelne Stiftungen in der Provinz, in welchen 92 Personen unterhalten werden, besitzen einen Fonds von 149,890 Rthlr.

Ihre jährliche Einnahme beträgt	8680 Rthlr.
von welcher Summe zur Besoldung der Offizianten, Erhaltung der Gebäude und andern allgemeinen Ausgaben verwendet werden	3440 Rthlr.
so daß für die Stiftungspersonen jährlich übrig bleibt . .	5240 Rthlr.

---

2 Mönchs- und 1 Nonnenkloster sorgen für die Pflege der Kranken; sie haben nach einem 6jährigen Durchschnitt 821 Kranke jährlich verpflegt, von welchen 68 gestorben, 32 als unheilbar und 721 geheilt entlassen worden sind.

Diese Klöster, deren Personal aus 23 männlichen und 13 weiblichen Personen besteht, haben aus Grundstücken, Kompetenzgeldern, Kapitalen und gesammelten Almosen nach einem 6jährigen Durchschnitt ein jährliches Einkommen von 22,872 Rthlrn., welches auch jährlich verwendet wird.

Eine Justizoffizianten-Wittwenkasse hatte zu Anfang des Jahres 1806 ein Fondkapital von 8226 Rthlrn.

Ihre bestimmte und unbestimmte jährliche Einnahme beträgt nach einem 3jährigen Durchschnitt 1517 Rthlr.

Sie pensionirt jezt 15 Wittwen mit 1230 Rthlrn.

16 Predigerwittwenkassen besaßen zu Anfang desselben Jahres ein Fondkapital von 67820 Rthlrn.

Ihre bestimmten und unbestimmten jährlichen Einnahmen betragen nach einem 3jährigen Durchschnitt 5372 Rthlr.

Sie pensioniren jezt 31 Wittwen mit 3916 Rthlrn.

3 Schullehrerwittwenkassen besaßen zu demselben Termine ein Fondkapital von 11270 Rthlrn.

Ihre jährliche Einnahme beträgt nach einem 3jährigen Durchschnitt 4268 Rthlr.

Sie pensioniren jezt 63 Wittwen mit 3565 Rthlrn.

Sechster Abschnitt.

Religionskultus.

Die 353 protestantischen Prediger, unter denen 12 Superintendenten sind, genießen aus Grundstücken, baarem Gehalt, Naturalien, Stolgebühren ꝛc. ein jährliches Einkommen von	159,305 Rthlrn.
Die Durchschnittsporzion eines jeden ist also 451 Rthlr. 7 Gr.	
Die jährliche Einnahme aller protestantischen Kirchen aus Grundstücken, Kapitalien, Naturalien ꝛc. beträgt nach Abzug dessen, was die Prediger und Kirchendiener wieder aus dieser Einnahme erhalten, nach einem 6jährigen Durchschnitt	111,773 Rthlr.
125 protestantische Kirchendiener genießen ein jährliches Einkommen von	17,216 Rthlrn.
Die Durchschnittsporzion eines jeden ist also 137 Rtl. 21 Gr. 3 Pf.	
Die 676 katholischen Geistlichen genießen ein jährliches Einkommen von	251,726 Rthlrn.
Die Durchschnittsporzion eines jeden ist also 372 Rthlr. 9 Gr.	
Die jährliche Einnahme aller katholischen Kirchen ist nach Abzug dessen, was die Geistlichen und Kirchendiener aus derselben erhalten	389,115 Rthlr.
189 katholische Kirchendiener genießen ein jährliches Einkommen von	30,904 Rthlrn.
Die Durchschnittsporzion eines jeden ist also 163 Rtlr. 12 Gr. 4 Pf.	
Der katholische Bischof hat an jährlicher Einnahme	11,500 Rthlr.
56 katholische Domherrn und Kanonizi haben ein jährliches Einkommen von	73,864 Rthlrn.
Die Durchschnittsporzion eines jeden ist also 1319 Rthlr.	
42 katholische geistliche Pfründner haben ein jährliches Einkommen von	46,482 Rthlrn.
Die Durchschnittsporzion eines jeden ist also 1121 Rthlr.	

In der Provinz sind 23 Klöster mit 295 Mönchen und Nonnen ohne Arbeit. Davon sind 12 fundirt und besitzen an Grundstücken, Kapitalien ꝛc. . 375,360 Rthlr.

Ihre jährliche Einnahme beträgt überhaupt . . . 25,990 Rthlr.

11 Bettelklöster besitzen kein eignes Vermögen, sondern erhalten sich vom Almosensammeln; das dadurch erhaltene jährliche Einkommen derselben ist anzuschlagen zu . . . . 18,211 Rthlrn.

Den Protestanten kosten also ihre Anstalten für Religion, mit Inbegriff dessen, was diese an Grundstücken besitzen, jährlich . 287,994 Rthlr.

Dies beträgt auf jede einzelne zu dieser Konfession gehörende Person jährlich 13 Gr. 2 Pf.

Den Katholiken kosten diese Anstalten jährlich . . . . . . 647,792 Rthlr.

Dies beträgt auf jede einzelne zu dieser Konfession gehörende Person jährlich 2 Rthlr. 11 Gr. 2 Pf.

Siebentes Kapitel.

Finanzwesen.

Erster Abschnitt.

Abgaben und nach Geld angeschlagene Realverpflichtungen der Staatsbewohner.

Erster Theil.

Unmittelbare.

I. Baare Abgaben an die Staatskassen.

A. Grundsteuern. Diese finden sich in der Provinz von zweierlei Art.

1. Kontribuzion.

Sämmtliche Kataster, auf welche die schon vor vielen Jahren angeordnete sogenannte Kontribuzion als eigentliche Grundsteuer gebauet ist, weisen, wenn die Summen aller darin aufgeführten Grundstücke nach dem Landesmaaße zusammengenommen, und die Domainen, welche nicht darin aufgenommen sind, hinzugesetzt werden, nicht mehr als 5,127,272 Morgen Land nach, und es ist nicht auszumitteln, auf wessen Rechnung die fehlenden 3,761,616 Morgen zu setzen sind. Die Aufnahme eines neuen, richtigen, mit den zweckmäßigen Notizen begleiteten Landeskatasters würde, nach einem ungefähren Ueberschlage 624,000 Rthlr. kosten; man hat bis jetzt diese Ausgabe gescheuet und die Sache beim Alten gelassen.

Dieser Kataster berechnet das jährliche reine Einkommen aller Grundbesitzer, außer den Staatsgütern oder Domainen, welche der Kontribuzion nicht unterworfen sind, in Summe zu 2,582,324 Rthlr., trennt aber nur selten in einzelnen Fällen und gar nicht in der Summe die verschiedenen Arten dieses Einkommens; er setzt als Grundregel fest: daß der Adel, d. h. die Besitzer eines damals mit adlichen Rechten versehenen Guts 25 Prozent des jährlichen reinen Ertrags seiner Grundstücke, der Bürger und Bauer $33\frac{1}{3}$ Prozent desselben, die Kirchen, Stifter und Klöster 40 Prozent und die Schullehrer, Prediger, Hospitäler und Armenstiftungen 25 Prozent desselben als Grundsteuer jährlich abgeben müssen.

Nach der Ausmittelung und Klassifikazion dieses Katasters betrug:

der jährliche reine Ertrag der adlichen Güter	1,526,376 Rthlr.
der bürgerlichen und bäuerlichen Güter	918,582 —
der Güter der Kirchen, Stifter und Klöster	23,040 —
der Schullehrer, Prediger, Hospitäler und Armenstiftungen	114,326 —
überhaupt	2,582,324 Rthlr.

Die Summe der davon zu bezahlenden Kontribuzion beträgt also:

a)	von den adlichen Gütern . .	381,594 Rthlr.	
b)	— — Bürger- und Bauergütern	306,194 —	
c)	— — Kirchen- etc. Gütern . .	9,216 —	
d)	— — Schullehrer- etc. Gütern .	28,581 —	12 Gr.
	überhaupt	725,585 Rthlr.	12 Gr.

In ältern Zeiten wurde diese Grundsteuer nicht in Gelde, welches damals noch nicht häufig genug war, sondern in Naturalien bezahlt; da nun der jetzige Ertrag der Grundstücke in Gelde berechnet weit höher als zu der Zeit der Aufnahme des letzten Katasters ist, so würde diese Steuer nach einem im Allgemeinen entworfenen Plane, der auf dieselben Grundsätze in Ansehung des Verhältnisses der Abgaben zum Ertrage gebauet ist, und gar nicht auf die im alten Kataster ganz fehlenden Grundstücke Rücksicht nimmt, so zu stehen kommen:

Als die Abgabe noch in Naturalien bestand, da wurde auch der Ertrag der Grundstücke nach Naturalien berechnet und ein Grundstück, welches nach Abzug des zur fortzusetzenden Kultur nöthigen Aufwandes 100 Scheffel jährlich reinen Ertrag gab, mußte nach den bei der Steuerrevision angenommenen Grundsätzen nach der Steuerqualität desselben 25, $33\frac{1}{3}$ und 40 Scheffel Getreide jährlich als Steuer entrichten. Die Steuerrevision ging von diesem Grundsatze ab und schlug sowohl den Ertrag der Grundstücke, als den Betrag der davon zu erhebenden Steuer nach Gelde an. Der damalige Durchschnittspreis des Roggens und der Gerste, als der Getreidearten, welche in dieser Provinz Regulatoren des Preises der übrigen Landesprodukte sind, war: der Berliner Scheffel des erstern 16, und des letztern 12 Gr. Wenn man den jetzigen Durchschnittspreis für den Roggen zu 1 Rthlr. 16 Gr., und für die Gerste zu 1 Rthlr. zum Grunde legt, so würde diese Reduktion der Steuer auf ihren ursprünglichen Maaßstab folgendes Resultat geben:

Die ganze Summe der jetzigen Steuer ist 725,585 Rthlr.

Wenn diese Summe zur Hälfte nach dem damaligen Werthe des Roggens und zur Hälfte nach dem Werthe der Gerste angenommen wird, so war sie zu den Zeiten der Steuerrevision gleich;

$544,188\frac{3}{4}$ Scheffel Roggen, und
725,585 — Gerste.

Wenn nun die Steuerpflichtigen angewiesen würden, ihren Steuerantheil nach dem jetzigen Durchschnittspreise dieser Produkte zur Hälfte in Roggen und zur Hälfte in Gerste zu bezahlen, so ergiebt sich, daß sie für

$544,188\frac{3}{4}$ Scheffel Roggen, à 1 Rtl. 16 Gr.,	906,981 Rtl. 14 Gr.	
725,585 — Gerste, à 1 — . .	725,585 — — —	
	die Summe von 1,632,566 Rtl. 14 Gr.	

bezahlen müßten.

Daß der Ertrag der Grundstücke, nach Geld berechnet, jetzt weit größer ist, als er zur Zeit der Steuerrevision war, hat größtentheils seinen Grund in dem gestiegenen Preise der von ihnen zum Verkauf erzeugten Produkte. In einigen Gegenden hat aber auch die größere Kultur und der dadurch erhöhete intensive Werth und Ertrag der Grundstücke eine solche Erhöhung bewirkt, und wenn diese eine Realvermehrung des Ertrags genannt werden kann, so gebührt der erstern nur der Name einer Nominalvermehrung desselben. Auf die Nominalvermehrung des Werths kann die neue Katastrirung nicht Rücksicht nehmen, indem sie sonst das bei der Steueranlage festgesetzte Verhältniß der Steuer zu dem Ertrage der steuerbaren Güter überschreiten würde; aber auf die Realvermehrung des Ertrags nimmt sie in so fern Rücksicht, daß sie solche Ländereien, deren Realertrag jetzt größer ist, in eine höhere Klasse setzt, als ihnen bei der letzten Steuerrevision angewiesen war.

Wenn man die im ersten Kapitel aufgestellten Notizen bei der Berechnung des neuen Steuerkatasters zum Grunde legt, so wird diese Steuer so zu stehen kommen:

1) Die adlichen Güter	2,459,815 Rtl. Ertrag;	davon 25 Proz.	614,953 Rtl.	18 Gr.
2) Die Bauer-, Kossäten- ꝛc. Güter	3,399,981 —	— — 33⅓ —	1,133,327 —	— —
3) Freigutsbesitzer, städtische Eigenthümer und Kämmereigüter . .	1,338,123 —	— — 33⅓ —	446,041 —	— —
4) Kirchen- ꝛc. Güter	48,587 —	— — 40 —	19,434 —	19 —
5) Schul-, Prediger- ꝛc. Güter . .	296,857 —	— — 25 —	74,214 —	6 —
überhaupt	7,543,363 Rtl.		2,287,970 Rtl.	19 Gr.

Die im alten Kataster fehlenden 3,761,616 Morgen Land werden zwar in dem neuen Kataster in Hinsicht auf ihren Ertrag und auf die von ihnen zu entrichtende Steuer zum Anschlage gebracht werden müssen, indem man aber in dem neuen Kataster sämmtliche Nebennutzungen genau von der Grundsteuer absondert, welche das ältere Kataster häufig mit aufgenommen hatte, als: mittelbare Abgaben der Untersassen, Frohndienste derselben, Zwangspflichten derselben zur Brauerei, Brennerei, Mühlenzwang ꝛc., so wird dadurch aus dem Etat des ältern Katasters eine beträchtliche Summe zum Theil ganz verloren, zum Theil auf andere Klassen übergehen. Zur Erläuterung möge folgende spezielle Revision dienen.

Das adliche Gut D war im ältern Steuerkataster zu 3600 Rthlr. jährlichen reinen Ertrag, und also zu 900 Rthlr. jährlicher Steuer angesetzt. Dieser jährliche Ertrag war so ausgemittelt:

	Rthlr.	Gr.	Pf.
1. Der Ertrag der Vorwerksländereien ist angeschlagen zu .	576	8	5
2. — — — Viehzucht — — — .	423	16	—
3. — — — Forsten — — — .	566	15	4
4. — — eines Eisenhammers — — — .	214	8	7
Latus	1781	—	4

	Rthlr.	Gr.	Pf.
Transport	1781	—	4
5. Der Ertrag einer Mühle ist angeschlagen zu . .	117	5	—
6. — — der Brauerei — — — . .	475	15	—
7. — — — Branntweinbrennerei ist angeschlagen zu	338	12	1
8. Baare Abgaben der Untersassen an die Herrschaft . .	223	17	—
9. Naturalien von den Untersassen, an Getreide, Vieh, Eier, Flachs ꝛc.	271	13	—
10. Naturaldienste der Untersassen zu Geld angeschlagen .	211	16	—
11. Einkommen von der Gerichtsbarkeit	21	—	—
12. — — — Jagd	85	—	—
13. Ertrag eines der Herrschaft zustehenden Zolles . .	74	20	—
überhaupt	3600	2	5

Von dieser inkonsequenten Rechnungsart mußte bei einer neuen Steuerverfassung ganz abgegangen werden und der neue Kataster, welcher dieses Gut ausführlich revidirte, setzte dessen jetzigen Ertrag und dessen Steuer so an:

Die Grundstücke, welche zu dem herrschaftlichen Territorium gehören, sind:

	Rthlr.	Gr.
1) 1513 Morgen Acker; davon		
83 — zur 2ten Klasse, à $2\frac{1}{2}$ Rthlr. reiner Ertrag .	207	12
395 — — 3ten — à 2 — — — .	790	—
237 — — 4ten — à $1\frac{1}{2}$ — — — .	355	12
450 — — 5ten — à 1 — — — .	450	—
348 — — 6ten — à 20 Gr. — — .	289	8
2) 927 Morgen Wiesen; davon		
193 — zur 3ten Klasse, à $2\frac{1}{2}$ Rthlr. reiner Ertrag .	482	12
218 — — 5ten — à $1\frac{1}{2}$ — — — .	327	—
516 — — 6ten — à 1 — — — .	516	—
3) 1414 Morgen Weiden; davon		
357 — zur 2ten Klasse, à 20 Gr. reiner Ertrag .	297	12
410 — — 3ten — à 16 — — — .	273	8
647 — — 4ten — à 12 — — — .	323	12
4) 178 Morgen unbrauchbares Land, Hofstellen, Wege, Graben ꝛc.		
5) 3775 Morgen Forstland; davon		
721 — zur 3ten Klasse, à 16 Gr. reiner Ertrag .	480	16
420 — — 4ten — a 12 — — — .	240	—
Latus	5032	20

		Rthlr.	Gr.
	Transport	5032	20
617 Morgen zur 5ten Klasse, à 8 Gr. reiner Ertrag	. .	205	16
2017 — — 6ten — à 6 — — —	. .	504	4
	Summe des jährlichen reinen Ertrags	5742	16
Die jährliche Steuer von diesem Gute würde also zu 25 Prozent des reinen Ertrages seyn	. . . .	1435	16

oder bei dem zuletzt angenommenen Durchschnittspreise des Roggens zu 1 Rthlr. 16 Gr. und der Gerste zu 1 Rthlr. der Preis von

$430\frac{7}{10}$ Scheffel Roggen und

$717\frac{3}{8}$ — Gerste.

Alle andere in dem ältern Steuerkataster aufgeführte Nutzungen wurden nicht in dem neuen Kataster des adlichen Gutes D aufgenommen, da sie entweder auf andere Grundstücke fielen wie No. 8, 9 und 10, oder nicht zur Grundsteuer in Anschlag gebracht werden konnten, wie No. 4, 5, 6, 7, 11 und 13. Auch war in dem ältern Kataster, ganz gegen dessen eigne Grundsätze, der Ertrag der bäuerlichen Grundstücke, der in dieser ersten Berechnung enthalten ist, nicht zu $33\frac{1}{3}$, sondern ebenfalls nur zu 25 Prozent angeschlagen.

Der auffallende Unterschied des jetzt und damals ausgemittelten Ertrags der Grundstücke wird durch Folgendes in etwas vermindert:

Der in dem ältern Kataster aufgeführte Ertrag des Eisenhammers, der Mühle, der Brauerei und der Branntweinbrennerei, welcher zusammen 1145 Rthlr. beträgt, gehört eigentlich unter die Rubriken 1, 2 und 3. Der Ertrag des Eisenhammers entsteht bloß dadurch, daß das aus den Forsten gelieferte Holz hier zu einem geringen Preise angesetzt ist, und er würde gänzlich wegfallen, wenn man das Holz entweder zu dem Preise, der dort durch den öffentlichen Verkauf erhalten werden kann, an andere verkaufte, oder wenn man den Boden, auf dem das zur Konsumzion des Eisenhammers nöthige Holz wächst, zu einer andern Kultur verwendete.

Der Ertrag der Mühle entsteht mehrentheils aus den unter dem Marktpreise angeschlagenen Naturallieferungen der Gutsherrschaft, und er würde fast ganz wegfallen, wenn diese Naturallieferungen zu dem Marktpreise angeschlagen würden. Derselbe Fall tritt um so mehr bei der Brauerei und Branntweinbrennerei ein, da der Anschlagsverfertiger das Getreide, das sie konsumiren, zu einem niedrigen Durchschnittspreise, und das Getränk, das sie verkaufen, zu dem gewöhnlichen Marktpreise angesetzt hat.

Die unter No. 8, 9 und 10 angeschlagenen Einnahmen des Dschen Gutsbesitzers, in Summe 706 Rthlr. 22 Gr., sind zwar ebenfalls reines Einkommen für den Gutsherrn; die neue Grundsteuer bringt sie aber nicht hier, sondern bei den Grundstücken der Untersassen, welche der Herrschaft verpflichtet sind, in Anschlag; indem eine Grundsteuer nicht auf Personen, sondern nur auf eine genau bestimmte Fläche nutzbaren Bodens, auch nicht auf ein Einkommen, das schon in die zweite Hand gegangen ist, sondern nur auf Einkommen aus der ersten Hand gelegt werden kann. Den Untersassen bleiben dagegen ihre Gerechtsame gegen die Grund- oder Gerichtsherrschaft offen, und letztere muß in allen Fällen, wo dergleichen Verhältnisse und mittelbare Abgaben statt finden, die ganze Summe der Grundsteuer, sowohl von ihrem eignen Grund und Boden, als von den Grundstücken ihrer Untersassen, an die Staatskasse bezahlen; sie kann sich nur dadurch von dieser Verpflichtung befreien, wenn sie die Grundstücke und Höfe ihrer Untersassen zu Freigütern macht, indem sie die Mediatabgaben und Lasten derselben durch einen freiwilligen Kontrakt abtritt oder verkauft. In diesem Falle treten dergleichen Güter in die Kategorie der unmittelbar steuerbaren Güter und erhalten im Grundbuche ein eignes Blatt.

2. Kavalleriegeld.

Da die eben beschriebene älteste Grundsteuer zu den gestiegenen Bedürfnissen des Staats nicht hinreichte, und man die Erhöhung derselben durch Aufnahme eines neuen Katasters zu kostbar und schwierig fand, so wurde ein Zusatz zu dieser Steuer unter dem Namen Kavalleriegeld beliebt. Er sollte in der Regel von jedem Thaler der Kontribuzion 5 Gr. betragen, welches für die ganze Abgabe 151,163 Rthlr. 8 Gr. betragen hätte; daß aber diese Abgabe in der That nur 137,271 Rthlr. 7 Gr. einbringt, kömmt daher, weil man verschiedene Ausnahmen von der Regel machte, indem man einzelne Steuerbare, die schon zu hoch angeschlagen zu seyn vorgaben, ganz überging, andere nach einem geringern Maaßstabe taxirte und einige zu Kapital angeschlagene Nutzungen nicht mit zur neuen Abgabe zog.

B. Konsumzionssteuern. Davon finden sich in der Provinz ebenfalls zwei.

1. Akzise.

Sie ist ursprünglich nur eine Abgabe für die Stadtbewohner, weil man die offenen Dörfer und einzeln liegenden Häuser auf dem Lande in Hinsicht auf ihre Konsumzion nicht kontrolliren konnte; indessen ist sie hier, wie fast überall, nach und nach immer weiter ausgedehnt worden, und es ist nun für den Unterthan, der nicht in einer Stadt wohnt, nichts steuerfrei geblieben, als die Erzeugnisse des inländischen Bodens, in so fern sie nicht aus einer Stadt geholt werden. Alle ausländische Bedürfnisse ohne Ausnahme muß der Landbewohner aus einer der gesetzlich eingeführten Akzise unterworfenen Stadt nehmen, und er bezahlt also bei dem Einkauf in der Stadt die Akzise mit, welche der Verkäufer der Waaren schon vorher bezahlt und für ihn also gleichsam vorgeschossen hat. Einige Landbewohner, als die adlichen Gutsbesitzer, Staatsdomainenpächter ꝛc. können sich zwar ihre ausländischen Bedürfnisse unmittelbar kommen lassen, ohne eine akzisbare Stadt zu berühren; sie sind aber verpflichtet, am Eingangszolle die geordnete Akzise zu bezahlen. Die Akzisetarifs aus den preußischen Provinzen sind bekannt genug, und werden daher hier nicht geliefert; es wird nur angezeigt, daß die Akziseabgabe nach einem dreijährigen Durchschnitt aus der ganzen Provinz jährlich 562,327 Rthlr. beträgt.

2. Zölle.

Es sind in der Provinz 18 Haupt- und 37 Nebenzölle an den Grenzen; alle innern Zölle sind aufgehoben; die Bruttoeinnahme von allen diesen Zöllen beträgt nach einem dreijährigen Durchschnitt, nach Abzug der unter der Akzise schon aufgeführten Posten, jährlich 209,826 Rthlr.

C. Gewerbe- und Zirkulazionssteuern.

1. Nahrungssteuer.

Sie ist eigentlich ein Surrogat der Akzise für Personen, welche ein städtisches Gewerbe treiben, aber nicht in Städten wohnen, als: Schmiede, Stellmacher, Maurer, Zimmermänner, Leinweber, Müller, Handelsleute, Krämer ꝛc. Die Grundsätze, nach denen diese Abgabe erhoben wird, sind verschieden, und richten sich nach dem Einkommen der ihr unterworfenen Personen. Sie beträgt nach einem dreijährigen Durchschnitte jährlich 37,378 Rthlr. 16 Gr.

2. Stempelsteuer.

Zu allen gerichtlichen Verhandlungen, Gesuchen bei Landesbehörden, Kontrakten, Quittungen der Offizianten über ihre Besoldung, Privilegien, Patenten ꝛc. muß gestempeltes Papier genommen werden, dessen niedrigster Satz 6 Pf., der höchste aber deswegen nicht anzugeben ist, weil er z. B. bei Gutsverkäufen, Erbschaften ꝛc. mit dem Gegenstande steigt. Eben so werden alle Spielkarten, Handlungsbücher, und alle Erlaubnißscheine, Musik zu haben, gestempelt. Die ganze jährliche Einnahme beträgt nach einem dreijährigen Durchschnitte 62,127 Rthlr. 19 Gr.

3. Chargensteuer.

Für die, welche Aemter und Besoldungen erhalten, beträgt diese Abgabe gewöhnlich ein Viertel eines Jahrgehalts; sie ist, wie die vorhergegangenen und die zwei folgenden, eine Kapital-, und nicht eine Einkommensteuer. Der jährliche Betrag derselben ist 5372 Rthlr.

4. Abschoß- und Abzugssteuer.

Wenn durch Erbschaft, Kauf, oder auf andere Art ein Kapital in das Ausland geht, so ist der Empfänger verbunden, 10 Prozent davon zur Staatskasse zu bezahlen; eben so, wenn ein Staatsbürger mit seinem Vermögen auswandert. Die jährliche Einnahme davon beträgt nach einem 6jährigen Durchschnitt 6956 Rthlr.

5. Lehnsgefälle.

Diese Abgabe kömmt bei Veränderungen des Besitzes eines Grundstücks oder einer Nutzung, und bei Regierungsveränderungen vor; man kann die von den Fällen der erstern Art nach einem 6jährigen Durchschnitt nicht höher als zu 817 Rthlr. jährlich anschlagen; die Einnahme von den Fällen der letztern Art ist nur in so fern einer Durchschnittsberechnung fähig, daß man ein Menschenalter annimmt, in welchem sie einmal gegeben wird, und dann beträgt sie, den letzten Fall zum Durchschnitt angenommen und dessen Summe auf 33 Jahre vertheilt, jährlich 362 Rthlr. 14 Gr. 9 Pf.

II. Real- und Naturalverpflichtungen der Staatsbewohner in regelmäßigen Friedensjahren, zu Geld angeschlagen.

A. Vorspann.

Bei den Reisen des Regenten und seiner Familie, der Staatsbeamten in Amtsgeschäften, und bei Lieferungen für das Militair, sind alle Grundbesitzer auf dem Lande, welche Pferde haben, verpflichtet, die bestellte Anzahl Pferde gegen Bezahlung von 4 Gr. für jedes Pferd auf jede Meile bis zu der gesetzlich bestimmten Wechselstazion, mit einer im Reiten und Fahren geübten Person auf 2 Pferde zu stellen. Diese Vergütung von 4 Gr. ist indessen nur darum eingeführt, um die Gegenden, wo selten oder niemals Vorspann gefordert wird, und die von Landstraßen weit entlegen sind, mit zur Verpflichtung zu ziehen; denn ein jeder Kreis muß von allen zu der Vorspannleistung verpflichteten Einsassen nach einem vorgeschriebenen Verhältniß die Summe einziehen, welche jährlich an die, die wirklich Vorspann geleistet haben, bezahlt werden muß.

Nach einem 5jährigen Durchschnift betrug die Ausgabe für den von der Provinz geleisteten Vorspann jährlich 25,328 Rthlr. Da aber in der Regel kein

Grundbesitzer bei einem freien Kontrakt für einen geringern Preis, als für 6 Gr. von jedem Pferde für eine Meile diese Arbeit übernehmen wird, so kann man diese Realverpflichtung der Provinz zu einer jährlichen Summe von 37,492 Rthlrn. anschlagen.

B. Getreide-, Stroh- und Heu-Lieferungen.

Zu den Bedürfnissen des Militairs und zu einigen andern Einrichtungen sind die Grundbesitzer verpflichtet, jährlich 43,820 Scheffel Roggen, 28,816 Scheffel Hafer, 2716 Schock Stroh und 22,970 Zentner Heu zu liefern:

Sie erhalten dafür aus der Staatskasse folgende Bezahlung:

für 43,820 Scheffel Roggen, à 1 Rthlr. . .	43,820 Rthlr.	
— 28,816 — Hafer, à 10 Gr. . . .	12,006 —	16 Gr
— 2,716 Schock Stroh, à 2 Rthlr. . . .	5,432 —	
— 22,970 Zentner Heu, à 6 Gr. . . .	5,742 —	12 —
überhaupt	67,001 Rthlr.	4 Gr.

Der für die Provinz im Durchschnitt anzunehmende Mittelpreis ist aber:

für den Scheffel Roggen . . 1 Rthlr. 16 Gr.
— — — Hafer . . . . . 20 —
— das Schock Stroh . . 4 — 8 —
— den Zentner Heu . . . . . . 14 —

Die Lieferungspflichtigen können daher diese Verpflichtung als eine Abgabe ansehen, welche ihnen jährlich folgendes kostet:

43,820 Scheffel Roggen, à 16 Gr. . .	29,213 Rthlr.	8 Gr.
28,816 — Hafer, à 10 Gr. . .	12,006 —	16 —
2,716 Schock Stroh, à 2 Rthlr. 8 Gr. .	6,337 —	8 —
22,970 Zentner Heu, à 8 Gr. . . .	7,656 —	16 —
überhaupt	55,214 Rthlr.	

C. Dienste zum Festungsbau und zu Reparaturen an den Festungen.

Es werden im Durchschnitt jährlich (in Friedensjahren) 19224 zweispännige Fuhr- und 68527 Hand-Diensttage zum Bedürfniß der Festungen gebraucht, und erstere mit 8, letztere mit 3 Gr. für jeden Tag aus der Staatskasse vergütet. Was diese Naturaldienste den Verpflichteten kosten, ist am leichtesten darnach zu berechnen, was in den letzten Jahren diese Arbeiten gekostet haben, da sie an Privatunternehmer für die 4 Festungen ausgegeben worden sind.

Die

Die 4 Unternehmer erhielten nach dem Durchschnitt der letztern 3 Jahre jährlich	27,890 Rthlr.
Die Bezahlung aus der Staatskasse beträgt . .	14,973 — 21 Gr.
Die zu dieser Arbeit Verpflichteten mußten also für die Befreiung von diesem Naturaldienst jährlich bezahlen	12,916 Rthlr. 3 Gr.

Zweiter Theil.

Mittelbare Abgaben und Verpflichtungen der Staatsbewohner.

I. An die Regierung, als Grund- und Gerichtsherrschaft in den Domainengütern.

A. Abgaben in Geld.

1. Grundzinsen,

Es ist dies eine mittelbare Grundsteuer, welche aber gar nicht allgemein, und noch viel weniger nach gleichen Grundsätzen angelegt ist. Sie ist nach und nach, entweder durch die Willkühr der Grundherrschaften, oder durch freiwillige Kontrakte derselben mit ihren Untersassen entstanden, und eben deswegen an einem Orte höher als an dem andern; in den Domainen ist sie nach sogenannten Hufen aufgelegt und beträgt von einer Hufe 3 Rthlr. und mehr, bis zu 5 Rthlrn. Diese Hufen bestehen nicht aus einem nach bestimmtem Längenmaaße ausgemessenen Flächenraum, sondern es wird unter diesem Namen ein Stück Land von einer gewissen Quantität Aussaat, z. B. von 10 bis 30 Scheffel Wintergetreide, nach dem Dreifeldersystem begriffen; andere haben die Bestimmung nach dem wahrscheinlichen Ertrage angenommen und eine Hufe ein solches Stück Acker genannt, das nach der damaligen Bewirthschaftung und nach der Eintheilung in 3 Felder 30, 40, 50, 60 oder mehr Scheffel jährlichen Ertrag über die Aussaat gab; diese Bestimmung hat vor der erstern noch Vorzüge, da sie den Werth einer solchen Ackerfläche besser charakterisirt als jene.

Bei einem neuen Kataster kann auf diese Mediatgrundsteuer nicht Rücksicht genommen, und wegen dieser doppelten Verpflichtung der allgemeine Steuersatz für diese Grundstücke nicht geändert werden. Aber es wäre eine sehr nöthige Arbeit, alle Mediatabgaben und Verpflichtungen der Untersassen einer Revision zu unterwerfen; denn ob es gleich schon durch Gesetze verboten ist, die Mediatlasten der Untersassen ohne Vorwissen und Einwilligung der Staatsbehörden zu vergrößern, so muß auch dafür gesorgt werden, daß diese Lasten von den Grundherrschaften bei der Erledigung eines Bauer- oder andern dergleichen Guts nicht willkührlich vermehrt werden können; da sich so manche Beispiele finden, daß kleine ländliche Besitzungen mit einer so großen Menge Steuern und Verpflichtungen belastet sind, daß gar kein reiner Ertrag von ihnen mehr übrig bleibt.

Diese Grundzinsen aus allen Staatsdomainen betragen jährlich 64,263 Rthlr. 14 Gr. 8 Pf.

2. Herrengeld.

Diese Mediatabgabe der Untersassen an ihre Grund- oder Gerichtsherrschaft ist unbedeutend, und scheint gleichsam nur dazu angelegt zu seyn, um den Untersassen immer die Erinnerung zu erhalten, daß sie außer dem allgemeinen Landesherrn noch einen Herrn haben, dem sie Verpflichtung schuldig sind; bei den Domainen ist das zwar nicht der Fall, indem hier die Grund- und Gerichtsherrschaft auch die Landesherrschaft ist; indessen bleibt die Abgabe unter diesem Namen und beträgt im Ganzen jährlich 1837 Rthlr. 6 Gr.

3. Dienstgeld.

In verschiedenen Domainenämtern sind die Naturaldienste, sowohl Gespann- als Handdienste, bis auf die Baudienste, welche in den in Zeitpacht ausgethanen Gütern noch bestehen, den Untersassen gegen eine bestimmte Abgabe in Geld erlassen, und man hat diese Dienste nach den verschiedenen Gegenden, mit Rücksicht auf den Ertrag und die Güte des Bodens, auf die Größe der den Untersassen gehörenden Grundstücke und auf den jetzigen Wohlstand derselben, zu einem gewissen Geldquantum angeschlagen, so daß ein Spanntag (mit 2 Pferden) mit 7 bis 16 Gr. und ein Handtag mit 3 bis 6 Gr. vergütet wird. Die hieraus entstandene Abgabe der Untersassen hat den Namen Dienstgeld erhalten, und sie beträgt überhaupt jährlich 31,867 Rthlr. 18 Gr.

4. Laudemien und Lehnwaare.

Diese Abgabe ist verschieden von den bei den unmittelbaren Abgaben aufgeführten Lehnsgefällen; jene werden an den Landesherrn, als solchen, diese aber wird an die Grund- und Gerichtsherrschaft bezahlt. Sie findet in den Domainen von den Untersassen statt, wenn ein Grundstück durch Kauf oder durch Erbschaft auf einen andern übergeht; jedoch sind alle Verwandte in auf- und absteigenden Linien und die hinterlassenen Wittwen davon frei, und nur Seitenverwandte sind dazu verpflichtet. In den neuerlich in Erbpacht ausgethanen Grundstücken hat man diese Abgabe, welche immer in einem höhern Grade drückend für den Steuerbaren als nutzbar für den Empfänger ist, nicht angenommen, und auch da, wo sie von Alters her eingeführt war, wird sie nach und nach aufhören, da die Regierung den Verkauf derselben begünstigt, wenn die Verpflichteten sich zu Erlegung eines Kapitals verstehen, das 33⅓mal höher ist, als die durch Frakzionsberechnung herausgebrachte jährliche Abgabe. Die jährliche Einnahme von der noch bestehenden Abgabe der Art ist nach dem Durchschnitt der 3 letzten Jahre 2827 Rthlr. 9 Gr., und das durch den Verkauf derselben erhaltene Kapital beträgt seit 11 Jahren, wo man mit diesem Verkauf anfing, 159,322 Rthlr.

B. Abgaben in Naturalien.

1. In Getreide; gewöhnlich Getreidezinsen genannt.

Sie betragen in allen Domainenämtern jährlich: 422 Scheffel Weizen, 1836 Scheffel Roggen, 770 Scheffel Gerste, 892 Scheffel Hafer, 17 Scheffel Buchweizen, 122 Scheffel Erbsen und 24 Scheffel Linsen.

Sie sind bei den in Zeitpacht ausgethanen Domainen den Pächtern mit angeschlagen, und diese müssen eine gewisse Pachtsumme dafür bezahlen. Bei vererbpachteten Aemtern sind sie in Geld verwandelt worden, so daß die Verpflichteten den Martinipreis eines jeden Jahres dafür an die Amtskasse bezahlen müssen. Der Werth dieser Naturalabgaben ist nach den Durchschnittspreisen folgender:

422	Scheffel	Weizen, à 2 Rthlr. . .	844	Rthlr.	
1836	—	Roggen, à 1 Rthlr. 16 Gr. .	3060	—	
770	—	Gerste, à 1 Rthlr. . .	770	—	
892	—	Hafer, à 20 Gr. . .	743	—	8 Gr.
17	—	Buchweizen, à 2 Rthlr. .	34	—	
122	—	Erbsen, à 2 Rthlr. . .	244	—	
24	—	Linsen, à 2 Rthlr. . .	48	—	
		überhaupt	5743	Rthlr.	8 Gr.

2. In andern Naturalien.

Einzelne Untersassen müssen folgende Naturalien jährlich an die Amtspächter oder deren Preise an die Amtskassen abliefern.

25 Hammel, à 3 Rthlr.	75	Rthlr.	
121 Schweine, à 9 Rthlr.	1089	—	
72 Gänse, à 12 Gr.	36	—	
476 Hühner, à 2 Gr.	39	—	16 Gr.
Latus	1239	Rthlr.	16 Gr.

	Transport	1239 Rthlr.	16 Gr.
324 Schock Eier, à 12 Gr.	. .	162 —	
63 Stein Flachs, à 3 Rthlr.	. .	189 —	
3217 Pfund Wolle, à 4 Gr.	. .	536 —	4 —
	überhaupt	2126 Rthlr.	20 Gr.

3. Naturalzehend.

Der Zehend (Dezem) ist in dieser Provinz ursprünglich eine Abgabe an die Geistlichkeit, und als solche findet er sich noch an verschiedenen Orten; durch die Aufhebung vieler Klöster und Einziehung der Klostergüter zu den Staatsdomainen ist derselbe zum Theil zu den Einnahmen der Domainen übergegangen. In einigen Orten ist er noch ganz in seiner ursprünglichen Gestalt anzutreffen, d. h. er wird in der 10ten Garbe von dem Totalertrage des Ackers entrichtet; in den mehresten Orten ist er aber in Sackzehend — der nicht in Garben, sondern nach einem angenommenen Durchschnitt in Körnern bezahlt wird — oder in eine Geldabgabe verwandelt worden. Von dem Naturalzehend kann hier nur die Summe beigebracht werden, zu welcher er den Amtspächtern angeschlagen ist, und diese ist bei allen den Aemtern, wo er noch in dieser Qualität besteht, 8729 Rthlr. 16 Gr.

Die baare Geldabgabe für den Zehend von den Grundstücken, welche das zu liefernde Getreide zu einem festgesetzten Quantum und nach dem Martinipreise bezahlen müssen, beträgt von allen dazu verpflichteten Amtseinsassen nach dem Durchschnitt der letzten 3 Jahre jährlich 10,516 Rthlr. 9 Gr.

C. Naturaldienste.

In verschiedenen Aemtern sind diese noch nicht in Dienstgeld verwandelt, und die noch in natura zu leistenden Dienste betragen hier der Zahl nach

113,271 Spann- und
179,116 Hand-Diensttage.

Um den Werth derselben für die dazu verpflichteten Amtseinsassen auszumitteln, wird für diese Naturaldienste der Mittelpreis der schon in Dienstgeld verwandelten angenommen, und jeder Spanndiensttag zu 10½ Gr., jeder Handdiensttag zu 4½ Gr. in Anschlag gebracht; es ergiebt sich daraus, daß diese Verpflichtung den Amtseinsassen jährlich 83,154 Rthlr. 7 Gr. 6 Pf. kostet.

II. An andere Staatsbürger, als Grund- oder Gerichtsherrschaften.

Diese Mediatabgaben und Verpflichtungen werden geleistet an die Besitzer von Gütern mit adlichen Rechten, sowohl an einzelne Familien als an Korporazionen, an Magisträte, Stifter rc. In den mehresten Ländern ist die Finanzadministrazion noch nicht bis dahin gekommen, daß sie die auf den Grundstücken ihrer Unterthanen liegenden Mediatverpflichtungen genau untersucht und eigne Nachweisungen darüber aufgenommen hätte. Sie hielt diesen Gegenstand nicht für wichtig genug, weil er auf die einmal festgesetzten Steuern an die Staatskasse, welche ihr allein wichtig vorkommen, keinen Einfluß zu haben schien, und man glaubte, durch Bekanntmachung eines Gesetzes: daß die einmal auf die Mediatuntersassen gelegten Pflichten und Abgaben nicht erhöhet werden dürften, genug gethan zu haben. Da aber diese Verhältnisse so unverkennbar wichtigen Einfluß auf den Wohlstand des Landes und auf die Vermehrung des Nazionaleinkommens und Nazionalvermögens haben, wie so manche Operazionen in den Staatsdomainen augenscheinlich bewiesen, so sollte dieser Gegenstand von keiner Finanzadministrazion als zu unbedeutend oder unwesentlich geachtet werden, und man sollte wenigstens vorläufig die historische Kenntniß dieser Verhältnisse so genau zu erhalten suchen, als man sie von den Staatsdomainen aufgenommen hat. — Diese Abgaben und Verpflichtungen werden hier unter denselben Rubriken wie bei I. mitgetheilt, indem die Güter mit adlichen Rechten in denselben Beziehungen gegen ihre Untersassen stehen, als die Staatsdomainen.

A. Abgaben in Geld.

1. Grundzinsen.

Sie betragen von einer Hufe von 2 Rthlr. bis 5 Rthlr. 8 Gr. Die ganze Summe dieser Mediatgrundzinsen, welche die Grundbesitzer und Gerichtsherrschaften erhalten, beträgt jährlich 113,712 Rthlr. 22 Gr. 8 Pf.

2. Herrengeld.

Es beträgt im Ganzen jährlich 3518 Rthlr. 5 Gr.

3. Dienstgeld.

Mit der Aufhebung der Naturaldienste ist man in den Privatgütern im Ganzen noch nicht weit gekommen; auch haben viele Gutsbesitzer nur zur Probe mit einigen ihrer Untersassen dergleichen Kontrakte abgeschlossen, oder ihnen einige Dienste gegen eine Geldabgabe erlassen. Die ganze Summe, welche bei den Grundherrschaften als Dienstgeld einkömmt, beträgt 17,211 Rthlr.

Einige Grundherrschaften haben dergleichen Dienstverpflichtungen an ihre Untersassen ganz verkauft; dadurch sind zum Theil ganze Dörfer Freidörfer geworden, über welche die Grundherrschaft weiter kein Recht, als die Gerichtsbarkeit behalten hat, und selbst dieses Recht haben zwei Gemeinen an sich gekauft und besolden jetzt jede einen Justiziar, eben so, als es vorher die Grundherrschaft that. Bei dem Verkauf der Naturaldienste wurde nach folgenden Grundsätzen verfahren: 52 Spanndienstage jährlich, als das gewöhnliche Quantum der auf den Bauergütern liegenden Verpflichtungen, wurden, jeder zu 12 Gr., mit 26 Rthlr., 104 Handdienstage, zu 5 Gr., mit 21 Rthlr. 16 Gr., die Verpflichtung insgesammt also mit 47 Rthlr. 16 Gr. als jährliche Zinsen zu einem Kapital angeschlagen, welches mit 3 Prozent verzinset wird, und hier und da bezahlten einzelne Dienst- und Dienstgeldpflichtige, auch einige ganze Gemeinen diesen Preis, der für einen Bauer mit den eben angegebenen Verpflichtungen ein Kapital von 1588 Rthlr. 21 Gr. 4 Pf. betrug.

4. Laudemien und Lehnwaare.

Auch in den Gütern der Privatpersonen und Korporazionen hat man angefangen, diese Abgaben zu verkaufen und oft noch zu einem höhern Preise, als bei den Domainenämtern zur Norm genommen wird; so daß sich manche zu diesen Gefällen Verpflichtete zur Erlegung eines Kapitals verstanden haben, das 50mal größer ist, als der durch Frakzionsberechnung herausgebrachte jährliche Betrag der Abgabe.

Der jährliche Ertrag dieser Abgabe in den Patrimonialjurisdikzionen ist nach dem Durchschnitt der 3 letzten Jahre 5317 Rthlr. 2 Gr., und für den Verkauf derselben an die zu der Abgabe Verpflichteten haben die Grund- und Gerichtsherrschaften in den letzten 10 Jahren nach Ausweis der gerichtlich darüber aufgenommenen Kontrakte eine Summe von 112,817 Rthlr. 16 Gr. erhalten.

B. Abgaben in Naturalien.

1. In Getreide.

Die sämmtlichen Mediatgetreidezinsen betragen jährlich:

698	Scheffel	Weizen, à 2 Rthlr.	1396 Rthlr.		
4972	—	Roggen, à 1 Rthlr. 16 Gr.	7953	—	8 Gr.
1815	—	Gerste, à 1 Rthlr.	1815	—	
3110	—	Hafer, à 20 Gr.	3091	—	16 —
237	—	Buchweizen, à 2 Rthlr.	474	—	
348	—	Erbsen, à 2 Rthlr.	696	—	
115	—	Linsen, à 2 Rthlr.	220	—	
		überhaupt	15646 Rthlr.		

2. In andern Naturalien.

Diese bestehen sämmtlich in folgendem:

8 Kälber, à 4 Rthlr.	32 Rthlr.	
59 Hammel, à 3 Rthlr.	177	—
Latus	209 Rthlr.	

	Transport	209 Rthlr.		
217	Schweine, à 9 Rthlr. . . .	1953	—	
1219	Gänse, à 12 Gr. . . .	609	—	12 Gr.
24	Enten, à 6 Gr.	4	—	
1172	Hühner, à 2 Gr. . . .	97	—	16 —
594	Schock Eier, à 12 Gr. .	297	—	
125	Stein Flachs, à 3 Rthlr. .	375	—	
5260	Pfund Wolle, à 4 Gr. .	876	—	16 —
320	Scheffel Hopfen, à 12 Gr. .	160	—	
	überhaupt	4581 Rthlr.		20 Gr.

3. Naturalzehend.

Er ist bei den adlichen Grundbesitzern sehr unbedeutend, indem wenig ehemals geistliche Güter in die Hände von Privatpersonen oder Korporazionen gekommen sind, da sie in der Regel zu den Staatsdomainen gelegt wurden. Der dennoch vorhandene ist zu einer jährlichen Summe von 1315 Rthlrn. anzuschlagen.

Hierher gehört indessen auch der Zehend, welcher der Geistlichkeit und den Kirchen übrig geblieben ist; er ist zwar unter dem im 6ten Kapitel angegebenen Totaleinkommen der Kirchen und Geistlichen mit aufgenommen, indessen wird hier die Summe, zu welcher er überhaupt noch anzuschlagen ist, angegeben; diese ist, sowohl für den Zehend der in natura, als den, der in Gelde gegeben wird, jährlich 18,922 Rthlr. 15 Gr.

Anmerkung. Auch von diesen drei zuletzt genannten Naturalabgaben sind in der Provinz verschiedene von den Verpflichteten durch eine Kapitalzahlung abgekauft und aus den Mediatsteuerregistern ganz gelöscht worden. Die Taxsätze, nach denen dergleichen Naturallieferungen verkauft werden, sind zwar verschieden; indessen kann der Mittelpreis im Durchschnitt so angenommen werden, daß die Verpflichtung zur Lieferung von

	Rthlr.	Gr.	Pf.
1 Scheffel Weizen mit	66	16	—
1 — Roggen —	55	13	4
1 — Gerste —	33	8	—
1 — Hafer —	27	18	8
1 — Buchweizen, Erbsen oder Linsen mit	66	16	—
1 Kalb mit	133	18	—
1 Hammel mit	100	—	—
1 Schwein —	300	—	—
1 Gans —	16	16	—

1 Ente mit . .	8 Rthlr.	8 Gr.	— Pf.
1 Huhn — . .	2 —	18 —	8 —
1 Schock Eier mit .	16 —	16 —	— —
1 Stein Flachs mit .	100 —	— —	— —
1 Pfund Wolle — .	5 —	13 —	4 —
1 Scheffel Hopfen mit	16 —	16 —	— —

abgekauft worden ist.

C. Naturaldienste.

Die von allen Untersassen noch in natura zu leistenden Dienste betrugen in der ganzen Provinz im letztvergangenen Jahre

524,327 Spann- und

871,216 Hand-Diensttage.

Wenn man den Werth derselben nach den oben bei den Staatsdomainen angenommenen Grundsätzen zu $10\frac{1}{2}$ Gr. und $4\frac{1}{2}$ Gr. berechnet, so ergiebt sich eine Summe von 392,745 Rthlr. 17 Gr. 6 Pf., welche die Untersassen für ihre Grundherrschaften jährlich aufwenden müssen.

III. Gesellschaftliche und Kommunabgaben und Verpflichtungen.

A. Zu bestimmten Zwecken.

1. Baare Abgaben.

a) Servis.

Diese Abgabe wird nur von den Bewohnern der Städte für die Kosten, welche die Wohnungsbedürfnisse des Militairs verursachen, erhoben, und jede Stadt berechnet sich darüber mit der Generalkasse. Ueberschüsse finden bei derselben nicht statt, indem das, was nach Bezahlung der im vergangenen Jahre nöthig gewesenen Kosten übrig bleibt, in dem folgenden Jahre den Servispflichtigen bei ihrer Abgabe zu gute kömmt. Das Bedürfniß des sämmtlichen Militairs in der Provinz ist in einem gewöhnlichen Friedensjahre 65882 Rthlr. Die Abgabe wird nach eben den Grundsätzen, die bei der Nahrungssteuer angenommen sind, aufgebracht.

b) Abgaben zur Erhaltung der Wege und Brücken.

Außer den Chaussee- und Kanalgeldern, welche unten angegeben werden, sind in der Provinz 121 Wege- und Brückengelder-Einnahmen (auch zuweilen Geleite genannt). Es ist zwar nicht anzunehmen, daß alle die bei diesen Einnahmen einkommenden Gefälle auf die Erhaltung und Verbesserung dieser Anstalten verwendet werden, und mancher Privateigenthümer einer solchen Einnahme (die indessen nicht willkührlich vermehrt werden dürfen) mag

davon,

davon, nach Abzug der zur Erhaltung der Brücken und Wege aufzuwendenden Kosten, einen reinen Ertrag ziehen; indessen ist doch dies bei der Anlegung dieser Einnahmen und bei deren Revision in Hinsicht auf die Abgabensätze zum Grunde gelegt worden, und muß auch hier dafür angenommen werden. Die sämmtliche jährliche Einnahme aller 121 Stätten beträgt nach einem 6jährigen Durchschnitt 98,826 Rthlr. 12 Gr.

c) Abgabe zur Erhaltung der Zucht- und Arbeitshäuser.

Bei einem jeden Kauf eines Grundstücks, dessen Preis über 100 Rthlr. beträgt, muß eine gewisse, nach Prozenten bestimmte Abgabe, deren Quantität mit der Größe des Objekts steigt, zu diesem Behuf bezahlt werden; diese beträgt nach einem 4jährigen Durchschnitt jährlich 8578 Rthlr. 16 Gr.

d) Eben so muß der nöthige Aufwand zur Erhaltung der Kriminalgefängnisse und der darin vorhandenen Inquisiten von den Einsassen eines jeden Distrikts bestritten werden; diese Abgabe ist nach andern Grundsätzen angelegt, als die bis jetzt aufgeführten Steuern; ein jedes Haus in den Städten und auf dem Lande muß nehmlich, ohne Rücksicht auf die zu demselben gehörenden Grundstücke, oder auf das Gewerbe, welches der Bewohner desselben treibt, die in dem Distrikte im vergangenen Jahre vorgefallenen Kosten auf die Art bezahlen, daß das Gericht von den zu seinem Sprengel gehörenden Häusern eine oder mehrere Porzionen, die Porzion zu 4 Gr. gerechnet, ausschreibt, die Ausgaben und Einnahmen den Landeskollegien verrechnet, und wenn der Vorrath ausgegeben ist, zu einem neuen Ausschreiben schreitet. Die Summe, welche jährlich im Durchschnitt zu diesem Behuf aufgebracht werden muß, ist im 6ten Kapitel angegeben worden.

e) Die Erhaltung der Landarmenhäuser wird durch eine Art von Vermögensteuer bestritten, zu welcher aber bloß die Bewohner des platten Landes beizutragen verpflichtet sind; so ist jeder Besitzer eines adlichen Guts zu 10 Rthlr., ein Pächter eines Domainenamts zu 8 Rthlr., ein Landprediger zu 4 Rthlr., ein Bauer zu 2 Rthlr., ein Halbbauer zu 1 Rthlr. ꝛc. ꝛc. Beitrag verpflichtet, und die ganze im 6ten Kapitel angegebene zur Erhaltung dieser Anstalten nöthige Summe wird auf diese Art aufgebracht, jedoch so, daß nicht eher ein Beitrag ausgeschrieben wird, als das Bedürfniß es verlangt.

Was die Erhaltung des Irrenhauses anbetrifft, so müssen dazu die Städte auch das ihrige beitragen; von dem platten Lande aber wird der gesetzlich auf dasselbe fallende Antheil zur Erhaltung dieser Anstalt aus der eben angegebenen Abgabe bestritten. Die jährliche Erhaltung des Irrenhauses ist oben zu 12,412 Rthlrn. angegeben; hierzu müssen die Städte nach einem nach dem Servisbeitrage genommenen Verhältnisse 3117 Rthlr., und das übrige die Bewohner des platten Landes beitragen.

f) Die Kosten zur Erhaltung der öffentlichen Brunnen in den Städten, zur Erhaltung der Laternen in 25 Städten, zur Straßenreinigung und zu den Nachtwachen in den Städten, werden in einer jeden Stadt durch Beiträge zusammengebracht, die ebenfalls nach dem Maaßstabe der Servisabgabe angelegt worden sind; die zu diesem Behuf nöthigen Summen sind im 6ten Kapitel angegeben.

g) Zur Erhaltung der Armen findet außer dem Gesetz, daß eine jede Kommune verpflichtet seyn soll, die in ihrer Mitte wohnenden Armen zu erhalten, keine Zwangsabgabe statt. Eine jede Stadt und eine jede Dorfgemeine unterhält aber eine Kasse zu diesem Behuf, welche theils durch freiwillige Beiträge der Gemeineglieder, theils durch einige bestimmte und andere zufällige Einnahmen erhalten wird, aus welcher die Armen der Kommune hier reichlicher als dort Unterstützung bekommen. Diese Armenkassen, über welche eine jede Gemeine Rechnung führt, geben folgende Resultate:

Nach einem 3jährigen Durchschnitt haben die Armenkassen in den Städten, sowohl an baarem Gelde als an Naturalien zu Geld angeschlagen, eine jährliche Einnahme gehabt von . . . . 117,327 Rthlrn.
und die Dorfarmenkassen . . . . . . 31,778 —
so daß also die freiwillige Unterstützung der Armen in der Provinz durch diese Kassen jährlich kostet . . . . 149,105 Rthlr.

2. Verpflichtungen; diese sind:

a) Dienste zu Wegebesserungen; diese finden bloß auf dem Lande statt, und werden in der Regel von den Bewohnern des platten Landes nach der Reihe geleistet; sie sind nicht zu taxiren und im Ganzen auch unbedeutend, da die Erhaltung der Landstraßen und Chausseen nicht auf diese Art bestritten wird.

b) Eben so sind die Dienste zu Wachen auf den Dörfern und auch in einigen Städten nicht nach Geld anzuschlagen, da sie nur an einigen Orten und auch da selten vorkommen, und da alle regelmäßig bestimmte Dienste der Art für Lohn gethan werden, welches schon in dem vorhergegangenen Kapitel berechnet worden ist.

c) Die Dienste zur Transportirung der Vagabunden nach den Landarmenhäusern, und der aufgefangenen Verbrecher, gehören so wie die vorhergegangenen zu den selten vorkommenden, und können hier nur erwähnt, aber nicht berechnet werden.

Es würde gut seyn, wenn auch diese 3 zuletzt angegebenen Verpflichtungen auf Kosten der Kommune, welcher sie zunächst angehen, oder auf Kosten des Ganzen, wenn sie die Sicherheit des ganzen Landes betreffen, verrichtet würden; weil dann eine größere Gleichheit in Vertheilung der Lasten bewirkt werden, und manche Klage über Partheilichkeit der Behörden und Prägravazionen wegfallen würde.

B. Abgaben zu nicht bestimmten allgemeinen Zwecken.

1. In den Städten.

Sämmtliche Abgaben der Städtebewohner an die Kommune oder an die Kämmerei, welche nicht zu den bisher angezeigten Zwecken beigetragen, sondern von den Magisträten und Kämmereien zur Besoldung ihrer Offizianten, zur Erhaltung der öffentlichen Gebäude und zu anderem Behuf verwendet werden, betragen nach einem 6jährigen Durchschnitt in allen 95 Städten jährlich

101,327 Rthlr. 22 Gr. 8 Pf.

2. Auf dem Lande.

Die Kommuneabgaben der Dorfbewohner, welche hieher gehören und welche zur Erhaltung der öffentlichen Backhäuser, Dorfbrunnen und dergleichen noch nicht angegebenen Dingen verwendet werden, betragen nach einem 6jährigen Durchschnitt jährlich 13,471 Rthlr. 18 Gr. 6 Pf.

Die Abgaben an Geistliche (jura stolae) und an Justizbehörden (Gerichtssporteln) gehören nicht hieher; sie sind eben so gut Ausgaben zur Befriedigung der Bedürfnisse, als die Ausgaben für Wohnungsmiethe und Dienste, welche uns andre Personen erzeigen; sie sind zwar einer Taxe unterworfen, indessen sind das viele andere Dienste auch, z. B. die Dienste der Aerzte, Wundärzte, Hebammen ꝛc., und dann steht es bis auf die Todesfälle eben so gut in dem Belieben des Einzelnen, dem Prediger und den Gerichten etwas zuzuwenden, als es in seinem Belieben steht, dem Arzte etwas zuzuwenden. Nur in so fern eine Abgabe zur Erhaltung der Kirchen- und Justizoffizianten eingeführt wäre, welcher sich niemand entziehen kann, auch wenn er keinen Dienst dafür erhält, würde diese in das Verzeichniß sämmtlicher Abgaben kommen müssen; da dies aber hier nicht der Fall ist, indem sämmtliche Justiz- und Kirchenoffizianten entweder durch Besoldungen aus Staats- und Sportelkassen oder durch den Ertrag eigen dazu bestimmter Grundstücke erhalten werden, so fällt diese Rubrik weg.

Eben so wenig können die Abgaben einzelner Innungsmitglieder an die Mittels- oder Innungsladen hier in Anschlag gebracht werden, da es ein freiwilliges Zusammentreten einer gewissen Anzahl Personen zu einem bestimmten Zweck, gewöhnlich zu Schmausereien betrifft. In so fern aber zur Erhaltung kranker und verarmter Innungsmitglieder hier etwas gesammelt wird, ist diese Summe schon unter der Ausgabe zur Erhaltung der Armen überhaupt begriffen.

Zweiter Abschnitt.

Einnahmen und Ausgaben der Regierung.

I.

Staatsdomainen.

A. In Zeitpacht ausgethane Grundstücke und Nutzungen.

246,821	Morgen	Acker.
6,110	—	Gartenland.
54,354	—	Wiesen.
69,876	—	Anger und Weiden.
313	—	Teiche und Seen.

überhaupt 377,474 Morgen nutzbare Ländereien sind in Zeitpacht ausgethan.

Der Verpachtungstermin ist in der Regel auf 12, zuweilen auf 18 und mehrere Jahre festgesetzt.

Die Pachtsumme von diesen Grundstücken, welche nach dem letzten Pachtkontrakte zur Kasse abgeliefert werden muß, beträgt jährlich	521,813 Rthlr.
Die jährlichen Bau-, Meliorazions-, Verwaltungs- und Remissionskosten, welche für diese Grundstücke nach dem Durchschnitt der letzten 6 Jahre verwendet worden sind, betragen . . .	83,597 —
Der reine Ertrag derselben ist also	438,216 Rthlr.
Dies beträgt auf jeden Morgen 1 Rthlr. 3 Gr. 10⅓ Pf.	
23 Brauereien sind ausgethan für eine jährliche Pachtsumme von	36,829 Rthlrn.
Die jährlich für dieselben aufzuwendenden Kosten sind . .	11,216 —
Der reine Ertrag derselben ist also	25,613 Rthlr.
11 Branntweinbrennereien sind ausgethan für eine jährliche Pachtsumme von	14,617 Rthlrn.
Die jährlich aufzuwendenden Kosten sind	5,328 —
Der reine Ertrag derselben ist also	9,289 Rthlr.

38 Ziegelbrennereien sind ausgethan für eine jährliche Pachtsumme von . . . . 21,732 Rthlrn.

Die jährlich aufzuwendenden Kosten sind	5,318 —
Der reine Ertrag derselben ist also	16,414 Rthlr.

7 Kalkbrennereien sind ausgethan für eine jährliche Pachtsumme von . . . . 5,226 Rthlrn.

Die jährlich aufzuwendenden Kosten sind	1,894 —
Der reine Ertrag derselben ist also	3,332 Rthlr.

Die Summe des jährlichen reinen Ertrages von allen in Zeitpacht ausgethanen Grundstücken und Nutzungen ist 492,864 Rthlr.

B. In Erbpacht ausgethane Grundstücke und Nutzungen, bei denen alle Bau-, Remissions-, Meliorazions- und unmittelbare Verwaltungskosten wegfallen, indem die Erbpächter keinen Anspruch auf dergleichen Unterstützungen machen dürfen.

180,827	Morgen	Acker.
7,101	—	Gartenland.
40,222	—	Wiesen.
62,449	—	Anger und Weiden.
1,119	—	Teiche und Seen.
überhaupt 291,718	Morgen	nutzbare Ländereien.

Der jährliche Erbpachtskanon, der von diesen Grundstücken zur Staatskasse fließt, ist festgesetzt auf den 12jährigen Durchschnittspreis des Roggens und der Gerste

zu 174,000 Scheffel Roggen jetzt zu 1 Rthlr. 16 Gr. .	290,000 Rthlr.
— 290,000 — Gerste — — 1 — . .	290,000 —
überhaupt	580,000 Rthlr.

Der Kanon kann niemals *unter* diese Summe fallen, da dieser Preis bei der Erbpachtsverhandlung festgesetzt wurde; wenn daher nach dem Durchschnitt der folgenden Jahre der Getreidepreis geringer seyn sollte, so wird dennoch der Kanon nicht verringert; wohl aber wird er verhältnißmäßig erhöhet, wenn der Durchschnittspreis in den folgenden Revisionsterminen von 12 zu 12 Jahren gestiegen seyn sollte.

Der Ertrag eines Morgens für die Staatskasse ist bis zum Ablauf des ersten Termins 1 Rthlr. 23 Gr. 8½ Pf.

14 Brauereien sind in Erbpacht ausgethan gegen einen jährlichen Kanon von 23,826 Rthlr.

8 Branntweinbrennereien, für 10,276 Rthlr. jährlichen Kanon.

146 Mühlen aller Art sind in Erbpacht ausgethan gegen einen jährlichen Kanon von 102,327 Rthlr.

Anmerkung. Die Verpflichtung der Amtsuntersassen, aus den ihnen angewiesenen Brauereien und Brennereien ihr nöthiges Getränk kaufen und in den ihnen angewiesenen Mühlen ihren Bedarf mahlen und schroten zu müssen, ist in allen Domainengütern gegen folgende Abgabe aufgehoben worden: Ein städtischer Gutsbesitzer und der mit ihm in gleicher Klasse stehende ländliche Eigenthümer bezahlt für die Freiheit, überall, wo er will, Bier und Branntwein zu kaufen und mahlen zu lassen, 2 Rthlr. 12 Gr. bis 5 Rthlr. an die Amtskasse; ein Bauer 1 Rthlr. 16 Gr. bis 3 Rthlr. 8 Gr.; ein Halbbauer und der mit ihm in Hinsicht auf den Werth seiner Grundstücke gleich stehende Eigenthümer 21 Gr. bis 2 Rthlr.; ein Kossäte ꝛc. 12 bis 20 Gr.; ein Häusler, Gärtner, Landhandwerker ꝛc. 8 bis 16 Gr.; ein Einlieger und Tagelöhner 2 bis 8 Gr. — Sämmtliche Brauereien, Branntweinbrennereien und Mühlen sind ohne Zwangsrecht in Zeit- und Erbpacht ausgethan, und die ganze Summe dieser Abgabe beträgt jährlich 35,997 Rthlr.

Da alle adliche Gutsbesitzer dieselben Zwangsrechte über ihre Untersassen besitzen, so steht es ihnen frei, sich über die Entlassung von dieser Verpflichtung mit denselben ebenfalls in Kontrakte einzulassen, und in verschiedenen Gerichtsbarkeiten sind auch diese Verpflichtungen nach den angegebenen oder ähnlichen Grundsätzen aufgehoben worden.

12 Ziegelbrennereien sind in Erbpacht ausgethan gegen einen jährlichen Kanon von 8352 Rthlr.

9 Kalkbrennereien für 5617 Rthlr. jährlichen Kanon.

Die Summe des jährlichen reinen Ertrags von allen in Erbpacht ausgethanen Grundstücken und Nutzungen ist 766,395 Rthlr.

C. Unter Administrazion stehende Grundstücke und Nutzungen:

963,532 Morgen Holzland in 29 Distrikte vertheilt geben einen jährlichen Ertrag für die Kasse von . . . . 375,827 Rthlrn.

Die Administrazions-, Bau-, Meliorazions- und andere Kosten betragen jährlich . . . . 162,958 —

Der reine Ertrag derselben ist also 212,869 Rthlr.

und beträgt für jeden Morgen Holzland 5 Gr. $3\frac{2}{3}$ Pf.

5 Steinkohlengruben geben einen jährlichen Ertrag von 178,327 Scheffel Steinkohlen; der Verkaufswerth derselben ist, à 3 Gr.	22,278 Rthlr.	9 Gr.
Die Administrazions-, Arbeits- und andere Kosten betragen jährlich	19,815 —	17 —
Der reine Ertrag derselben ist also	2,462 Rthlr.	16 Gr.
8 Torfstiche geben einen jährlichen Ertrag von 23,200 Haufen, à 300 Kubikfuß; der Verkaufswerth desselben ist, à 1 Rthlr. 8 Gr.	30,533 Rthlr.	8 Gr.
Die Administrazions-, Arbeits- und andere Kosten betragen jährlich	27,672 —	14 —
Der reine Ertrag von denselben ist also	2,860 Rthlr.	18 Gr.
2 Eisengräbereien mit 9 Oefen geben einen jährlichen Ertrag von 13,927 Zentner Guß- und Stabeisen; der Verkaufswerth desselben ist, à 2 Rthlr. 12 Gr. und 3 Rthlr. 8 Gr. . .	40,672 Rthlr.	
Die Administrazions-, Arbeits- und andere Kosten betragen jährlich	28,216 —	
Der reine Ertrag von demselben ist also	12,456 Rthlr.	

Die Summe des jährlichen reinen Ertrages von allen unter Administrazion stehenden Grundstücken und Nutzungen ist 230,648 Rthlr. 10 Gr.

Resultate.

Bei den in Zeitpacht ausgegebenen Grundstücken nehmen die Bau-, Meliorazions-, Remissions- und überhaupt alle zum fortzusetzenden Pachtertrage aufzuwendenden Kosten von dem Bruttoertrage *)	$16\frac{1}{10}$	Prozent.
Bei den Brauereien	$30\frac{4}{9}$	—
— — Branntweinbrennereien	$36\frac{1}{2}$	—
— — Ziegelbrennereien	$23\frac{1}{2}$	—
— — Kalkbrennereien	$36\frac{1}{3}$	—

*) Bei allen diesen Berechnungen haben die Verwaltungskosten nicht in Anschlag gebracht werden können, welche aus der Salarirung der höhern Offizianten des Provinzialfinanzkollegiums, und der höchsten Verwaltungsbehörde zu der Bearbeitung der Domainenangelegenheiten entstehen; da diese indessen weiter unten wenigstens im Ganzen ebenfalls angegeben sind, so werden sie verhältnißmäßig hinzugerechnet werden können, und es ist noch zu bemerken: daß auch hier die in Zeitpacht ausgegebenen und unter Administrazion stehenden Grundstücke und Nutzungen diesen Behörden weit mehr Arbeit verursachen, als die in Erbpacht ausgegebenen.

Bei den unter Administrazion stehenden Grundstücken und Nutzungen, als:

bei den Forsten	46 1/10	Prozent.
— — Steinkohlengruben	89	—
— — Torfstechereien	90 2/3	—
— — Eisenwerken	69 1/3	—

Anmerkung. Alle Verhältnißberechnungen, die sich auf andere Nutzungen als auf den unmittelbaren Ertrag des Grundes und Bodens beziehen, können nur dann zu Vergleichungen dienen und für richtig angenommen werden, wenn bei dem Verkauf der Produkte, welche sie liefern: Bier, Branntwein, Ziegel, Kalk, Steinkohlen, Torf, Eisen ꝛc. kein Monopol oder irgend eine Art von Zwang für die Käufer statt findet, indem der Ertrag dieser Nutzungen dann willkührlich erhöhet werden kann, wenn die Käufer gezwungen sind, hier und nicht anderswo zu kaufen, und wenn sie bezahlen müssen, was man fordert.

II.

Regalien und einträgliche Rechte, welche der Landesherr oder die Regierung ausübt.

A. Einkünfte von der Post.

Diese Anstalt zu erhalten kostet jährlich nach einem 6jährigen Durchschnitt 275,328 Rthlr.

Die jährliche Einnahme von derselben ist nach eben dem Durchschnitt 394,217 —

Der reine Ertrag für die Staatskasse ist also . . . . 118,889 Rthlr.

und der Aufwand der Regierung wird jährlich mit 43 1/4 Prozent verzinset.

B. Einkünfte von der Münze.

Die Münze kauft nach einem 6jährigen Durchschnitt jährlich an Metall für *) . . . . 57,897 Rthlr.

Der jährliche Aufwand für Arbeitslohn, Unterhaltung der Gebäude, Geräthe ꝛc. ist . . . . 3,516 —

überhaupt 61,413 Rthlr.

Sie gab dagegen nach dem 6jährigen Durchschnitt an gemünzten Gelde jährlich aus . . . . 64,819 Rthlr.

Der reine jährliche Ertrag für die Staatskasse ist also . . . . 3,406 —

und der Aufwand der Regierung wird jährlich mit 5 1/18 Prozent verzinset.

C. Ein=

*) In so fern sie nehmlich bloß für diese Provinz arbeitet. Daß diese Verhältnisse fingirt sind, fällt in die Augen; ich mußte sie aber so aufstellen, da ich keinen analogen Erfahrungssatz finden konnte.

C. Einkünfte vom Salzmonopol.

Die Regierung läßt jährlich im Durchschnitt zum Gebrauch für die Provinz 125,280 Zentner fabriziren, wovon ihr der Zentner mit Transportkosten bis an den Verkaufsort 3 Rthlr. 8 Gr. 6 Pf. im Durchschnitt kostet . . 421,210 Rthlr.

Die Administrazionskosten betragen jährlich *) . . . . . 6,590 —

überhaupt 427,800 Rthlr.

Die Regierung verkauft das Salz, den Zentner zu 5 Rthlr. bis 6 Rthlr. 12 Gr., und die jährliche Bruttoeinnahme der Hauptkasse hat nach einem 6jährigen Durchschnitt betragen . . 688,122 Rthlr.

Der reine jährliche Ertrag für die Staatskasse ist also . . 260,322 Rthlr.

und der Aufwand der Regierung wird jährlich mit $60\frac{2}{10}$ Prozent verzinset.

D. Einkünfte von der Lotterie.

Die in dieser Provinz abgesetzten Loose der Klassenlotterie brachten jährlich in die Kasse . . . . 127,210 Rthlr.

Davon zieht dieselbe als ihren regelmäßig berechneten Gewinn 10 Prozent . . . . 12,721 Rthlr.

Das Lotto zog nach einem 6jährigen Durchschnitt aus der Provinz jährlich . . . . 62,315 Rthlr.

und gab an Gewinnsten an dieselbe zurück . . . . . 51,729 —

so daß der Gewinn der Kasse jährlich betrug . . . . 10,586 Rthlr.

Von dem Gewinn der 23,307 Rthlr. gehen die Administrazions- und andern Kosten mit . . . . 9,829 — ab, so daß der reine Ertrag für die Staatskasse . . . . 13,478 Rthlr. blieb.

E. Von Privilegien, die zur Anlegung von verschiedenen Erwerbsgegenständen, als Mühlen, Marktplätzen ꝛc. bezahlt werden müssen, betrug die Einnahme der letzten 6 Jahre 10,091 Rthlr., so daß also auf jedes Jahr 1681 Rthlr. 20 Gr. zu rechnen sind.

F. Die aus der ganzen Provinz einkommenden Chaussee-, Kanal- und Schleusengelder betragen nach einem 6jährigen Durchschnitt jährlich 129,327 Rthlr. 15 Gr. — Pf.

---

*) Diese sind so gering, weil die Offizianten auf eine Tantieme nach Verhältniß des Verkaufs gesetzt sind, welche der Käufer mit bezahlen muß.

Transport	129,327 Rthlr.	15 Gr.	— Pf.
Nach den im 6ten Kapitel gelieferten Notizen hat die Anlegung der Chausseen und Kanäle gekostet 1,166,142 Rthlr. 8 Gr. Da dieses von der Regierung aufgewendete Kapital verzinset werden muß, so gehn von dem jährlichen Einkommen dieser Anstalten à 4 Prozent ab	46,645 —	16 —	8 —
hierzu die jährlichen Unterhaltungskosten mit .	73,279 —	20 —	— —
überhaupt	119,924 Rthlr.	12 Gr.	8 Pf.
so daß der jährliche reine Ertrag für die Staatskasse von diesen Anstalten beträgt	10,403 Rthlr.	2 —	4 Pf.

III.

Abgaben der Unterthanen.

A. Verzeichniß der unmittelbaren Abgaben an den Staat:

1. Kontribuzion	725,585 Rthlr.	12 Gr.	
2. Kavalleriegeld	137,271 —	7 —	
3. Akzise	562,327 —	— —	
4. Zölle	209,826 —	— —	
5. Nahrungssteuer	37,378 —	16 —	
6. Stempelsteuer	62,127 —	19 —	
7. Chargensteuer	5,372 —	— —	
8. Abschoß- und Abzugssteuer . . .	6,956 —	— —	
9. Lehnsgefälle	1,179 —	14 —	9 Pf.
überhaupt	1,748,023 Rthlr.	20 Gr.	9 Pf.

B. Verzeichniß der mittelbaren Abgaben der Domaineneinsassen:

1. Grundzinsen	64,263 Rthlr.	14 Gr.	8 Pf.
2. Herrengeld	1,837 —	6 —	— —
3. Dienstgeld	31,867 —	18 —	— —
4. Laudemien und Lehnwaare	2,827 —	9 —	— —
5. Zehend als Geldabgabe	10,516 —	9 —	— —
6. Für gelieferte Naturalien kömmt von den Amtspächtern und Intendanten jährlich ein .	14,321 —	9 —	— —
überhaupt	125,633 Rthlr.	17 Gr.	8 Pf.

Hier werden noch zwei spezielle Einnahmeartikel der Regierung angeführt, welche weder in dem vorhergegangenen Kapitel von der Hauptsumme abgezogen, noch hier in Einnahme gebracht worden sind, da sie besonders berechnet und jährlich zu bestimmten Zwecken wieder aufgewendet werden; diese sind:

1) 6 Kämmereikassen müssen von ihren Einnahmeüberschüssen zur Unterhaltung der Festung N. an die dortige Kasse jährlich bezahlen . . 3547 Rthlr. 8 Gr.

2) Die Stifter müssen zur Pensionirung invalider Militairpersonen nach einem 6jährigen Durchschnitt jährlich zahlen . . . 3318 Rthlr.

Zusammenstellung aller Staatseinnahmen.

	Rthlr.	Gr.	Pf.
1. Von den in Zeitpacht ausgethanenen Domainengrundstücken und Nutzungen	492,864	—	—
2. Von den vererbpachteten Grundstücken und Nutzungen .	766,395	—	—
3. Von den Grundstücken und Nutzungen, welche administrirt werden	230,648	10	—
4. Von der Post	118,889	—	—
5. Von der Münze	3,406	—	—
6. Vom Salzmonopol	260,322	—	—
7. Von der Lotterie	13,478	—	—
8. Von Privilegien 2c.	1,681	20	—
9. Chaussee=, Kanal= und Schleusengelder	10,403	2	4
10. Unmittelbare Abgaben der Unterthanen	1,748,023	20	9
11. Mittelbare Abgaben der Domaineneinsassen . . .	125,633	17	8
Totalsumme	3,771,744	22	9

Ausgaben der Regierung in einem regelmäßigen Friedensjahre.

I. Zur Erhaltung der äußern Sicherheit.

A. Kosten, welche das Militair verursacht:

	Rthlr.	Gr.
Jedes der 3 Infanterieregimenter kostet jährlich zu unterhalten 87,872 Rthlr. 16 Gr.	263,618	—
Das Kavallerieregiment	75,270	—
Die Unterhaltung der 930 Pferde, à 40 Rthlr. . . .	37,200	—
Jährlich 96 Remontepferde, à 60 Rthlr. . . .	5,760	—
Latus	381,848	—

	Rthlr.	Gr.
Transport	381,848	—
B. Die Erhaltung eines Kadettenkorps kostet jährlich . .	31,897	12
C. Zur Unterhaltung sämmtlicher Festungen ist außer den schon angegebenen Naturalverpflichtungen der Unterthanen jährlich etatsmäßig bestimmt	258,320	—
D. Zur Unterhaltung und Vermehrung der Militairvorräthe in den Festungen ist jährlich bestimmt	83,776	—
überhaupt	755,841	12

II. Die innere Administrazion betreffend:

	Rthlr.	Gr.	Pf.
Zur Besorgung der eigentlichen Regierungsgeschäfte und der Staatsverwaltung in letzter Instanz, auch zur Kontrollirung der Unterbehörden, sind 35 Offizianten angestellt, zu deren Besoldung und Erhaltung der dazu gehörenden Gebäude, Bureaus ꝛc. jährlich bestimmt sind . . .	78,500	—	—
Die Provinz hat zwei Finanzkammern, diese sind besetzt mit			
2 Präsidenten, welche der Regierung jährlich kosten .	7,260	—	—
7 Direktoren	11,890	—	—
32 Räthen	37,260	—	—
9 Assessoren	1,200	—	—
8 Referendarien	600	—	—
18 Sekretarien und Rendanten	15,820	—	—
15 Registratoren	8,300	—	—
25 Kanzellisten und Kopisten	8,550	—	—
31 Boten, Aufwärter ꝛc.	7,370	—	—
Zu Bedürfnissen der Kollegien, als: Erhaltung der Gebäude, Holz, Schreibmaterialien, Druckerlohn, Diäten, Botenlohn ꝛc. .	16,772	—	—
12 Landräthe in der Provinz	13,700	—	—
12 Kreisräthe	9,600	—	—
12 Oekonomiekommissarien	7,200	—	—
12 Steuereinnehmer mit ihren Unteroffizianten . . .	26,750	—	—
72 andere Kreisoffizianten	16,220	—	—
Sämmliche bei der Einhebung der Akzise und der Zölle angestellte Offizianten genießen an jährlicher Einnahme von der Regierung	97,870	—	—
Latus	364,862	—	—

	Rthlr.	Gr.	Pf.
Transport	364,862	—	—
Die übrigen für diesen Zweig der Staatseinkünfte aufzuwendenden Kosten, Erhaltung der Gebäude, Packhöfe, Materialien zum Gebrauch der Offizianten ꝛc. betragen .	62,479	—	—
so daß die Einhebungskosten der Akzise und der Zölle $20\frac{1}{20}$ Prozent des Bruttoertrags wegnehmen.			
Zuschuß zur Erhaltung der Landesjustizkollegien	8,063	15	4
— — — — Domainenuntergerichte . .	9,622	8	—
überhaupt	445,026	23	4

III. Andere Ausgaben:

	Rthlr.	Gr.
A. Zur Erhaltung verschiedener öffentlichen Anstalten für Wissenschaften und Schulen	82,729	16
B. desgleichen für Kirchen und deren Offizianten	8,670	—
C. Zuschuß zu verschiedenen Armenanstalten	31,923	6
D. Zur Bezahlung der Zinsen von alten Landesschulden und zu allmähliger Abtragung des Kapitals	172,876	—
E. Kompetenzgelder an Geistliche, Klöster und Stifter für eingezogene Güter . . . . . . -	108,992	—
F. Zu Meliorazionen und Unterstützungen verunglückter Unterthanen und zu Remissionen bei den Abgaben ist etatsmäßig ausgesetzt	80,000	—
G. Pensionen für ausgediente Offizianten und andere Personen .	45,250	—
überhaupt	530,440	22

Achtes Kapitel.

Darstellung verschiedener Gegenstände, die auf Zirkulazion und Wohlstand Bezug haben.

I.

Jährlich regelmäßiger Aufwand der Nazion zu verschiedenen Bedürfnissen.

	Rthlr.	Dies beträgt von dem gesammten Nazionaleinkommen.
1. Zur Erhaltung des Nazionalvermögens in seiner jetzigen Größe	7,529,564	$23\frac{11}{30}$ Prozent.
2. Zur Erhaltung der äußern Sicherheit durch Militair und Festungen	838,186	$2\frac{3}{5}$ —
3. Zur Erhaltung der innern Sicherheit gegen gefährliche Menschen (Kriminalanstalten, Irrenhäuser 2c.)	32,895	$\frac{1}{10}$ —
4. Städtische Polizei und deren Verwaltung . .	204,981	$\frac{11}{30}$ —
5. Dorfpolizei, deren Erhaltung	13,471	$\frac{1}{24}$ —
6. Verwaltung der Justiz	307,736	$\frac{19}{20}$ —
7. Erhaltung der innern Landesadministrazion .	445,026	$1\frac{23}{60}$ —
8. Erhaltung der Anstalten für innere Kommunikazion: Chausseen, Kanäle, Wege, Brücken 2c.	172,106	$\frac{8}{15}$ —
9. Jährlicher Aufwand für Wissenschaften und Schulen	419,016	$1\frac{3}{10}$ —
10. Zur Armenversorgung	346,121	$1\frac{3}{40}$ —
11. Zur Erhaltung des Religionskultus	1,135,786	$3\frac{21}{40}$ —
Die sämmtlichen Abgaben der Unterthanen an den Staat betragen	1,873,657	$5\frac{42}{60}$ —
Das sämmtliche jährliche Einkommen der Regierung	3,771,744	$11\frac{7}{10}$ —
Dasselbe nimmt von dem reinen Ertrage aller nutzbaren Grundstücke		$38\frac{25}{30}$ Prozent.

II.

Jährliche Konsumzion der Staatsbewohner an materiellen in- und ausländischen Gütern.

Ein ausführliches Verzeichniß aller jährlich konsumirten materiellen Güter würde hier zu viel Raum einnehmen; auch ist ohnedem schon im 5ten Kapitel eine Probe von der Konsumzion einer Stadt an materiellen Gütern geliefert worden, und es wird hierauf ein ähnliches Verzeichniß von dem Preise der mehresten Lebensbedürfnisse geliefert werden.

Die Summe des Werths aller konsumirten materiellen Güter muß, nach einem mehrjährigen Durchschnitt, dem im ersten Kapitel angegebenen Werthe der gesammten Produkzion gleich seyn, indem der darin vorkommende Werth ausländischer materieller Güter mit dem Werthe der für diese zum Tausch gegebenen inländischen Güter und Waaren sich in einem Zeitraume von mehreren Jahren ausgleicht.

Bei einer Nazion, welche an Vermögen und Reichthum zunimmt, kann zwar ein Ueberschuß des Werths der jährlichen Produkzion an materiellen Gütern über die jährliche Konsumzion an dergleichen Gütern auch nach einem Durchschnitt von mehreren Jahren statt finden, bis die stehenden und todten Kapitale der Nazion, oder das Nazionalvermögen außer dem Grund und Boden, eine gewisse Höhe erreicht haben. In dieser Provinz wird, wenn man alle hier angegebene Notizen zusammennimmt, an die Vermehrung und Erhaltung dieser erwähnten Kapitale so viel gewendet, als nothwendig ist, um sie nicht geringer werden zu lassen; aber an die Vermehrung des nutzbaren, Zinsen tragenden Theils des Nazionalvermögens wird, wie der steigende Realwerth der Grundstücke, der höhere Ertrag des Bodens an vielen Orten, und die häufigen Meliorazionen beweisen, in dieser Provinz ein beträchtlicher Theil des Nazionaleinkommens gewendet.

Diese nützliche Verwendung des Einkommens ist aber mit unter der Summe der jährlichen Konsumzion an materiellen Gütern begriffen, und es kömmt bei der Frage über die Vermehrung des Nazionalvermögens, der Nazionalkapitale und des Nazionalreichthums nicht so viel darauf an, ob der Werth der jährlichen Konsumzion der Nazion überhaupt größer oder geringer ist, als der Werth der jährlichen Produkzion; sondern worin diese Konsumzion besteht? Denn wenn in einem Jahre für 100,000 Rthlr. materielle Güter von 1000 Personen verzehrt werden, welche in den Städten zur Befriedigung künstlicher Bedürfnisse und für Artikel des Wohllebens arbeiten, welche wieder konsumirt worden sind; so ist der Werth derselben in diesem Jahre für die Nazion ganz konsumirt, ohne dem Nazionalvermögen oder Nazionaleinkommen irgend einen Werth zugesetzt zu haben, den er nicht schon vorher hatte. Wenn aber für 100,000 Rthlr. materielle Güter dazu angewendet wurden, um ein morastiges Grundstück von 5000 Morgen, dessen sonstiger jährlicher Totalertrag 200 Rthlr. war (da nur einige Fuder Heu davon gewonnen werden konnten), durch Graben trocken zu legen, zu rajolen und zu einträglichem Wiesen- oder Ackerlande zu machen, das nun jährlich 20,000 Rthlr. Totalertrag giebt; so hat diese Konsumzion das Nazionaleinkommen um jährliche 19,800 Rthlr. und das Nazionalvermögen wenigstens um 165,000 Rthlr. Kapital vermehrt.

Der Reichthum einer Nazion kann sich in sich selbst vermehren und vermindern, ohne daß die Ausfuhr einheimischer und die Einfuhr ausländischer Waaren hier in Anschlag kommt, und die sogenannten Handelsbilanzen, zu deren genauer Ausmittelung in so manchem Staate so viel Aufwand gemacht und so vielfältiges Nachfragen und Nachsuchen angeordnet worden ist, werden uns niemals wahre Aufschlüsse über das Steigen und Fallen des Nazionaleinkommens, Nazionalvermögens und Nazionalreichthums geben; sie werden sogar die Regierung irre führen, welche glaubt, daß das Nazionalvermögen um 10 Millionen Rthlr. gewachsen sey, wenn die Handelsbilanz nachweiset, daß in den 10 letzten Jahren in jedem Jahre für eine Million Rthlr. mehr Waaren in das Ausland geliefert, als von demselben wieder eingeschickt worden sind; denn die Nazion hat vielleicht in diesen 10 Jahren für 10 Millionen Rthlr. eignes Vermögen an Waaren in das Ausland gesendet, um einen Aufwand zu bezahlen, den Einzelne während dieser Zeit im Auslande gemacht hatten, und so ist also die Provinz, statt nach der Meinung des Verfertigers der Handelsbilanz um 10 Millionen Rthlr. reicher geworden zu seyn, eben um diese Summe ärmer geworden, wenn alle zu dieser Berechnung gebrauchte Materialien richtig gewesen sind.

Alle Berechnungen von dergleichen Handelsbilanzen sind darauf gerichtet, daß sie erforschen sollen, wie viel fremdes Geld für inländische Waaren in das Land gekommen ist, und man setzt dabei zum voraus, daß wenn die Zollregister als Waarenausfuhr 6 Millionen und als Waareneinfuhr 5 Millionen Thaler aufgezeichnet haben, die überschießende Summe von einer Million mehr ausgeführter als eingeführter Waaren mit Geld von dem Auslande an die Provinz bezahlt worden sey; aber wenn man auch voraussetzt, daß diese Nachweisung völlig richtig ist, daß der Werth der ausgeführten Waaren nicht zu hoch und der Werth der eingeführten nicht zu gering angegeben ist, so kann ja die Nazion oder können einzelne Glieder derselben, Schulden von vorigen Jahren, oder Zinsen von ausländischen Kapitalien an die mit ihnen handelnden Nazionen durch diese Waaren von einer Million Thaler Werth bezahlt haben; es können Kaufleute oder andere Personen, welche auszuwandern gesonnen sind, ihr Vermögen in Waaren in das Ausland geschafft und dadurch das Land ärmer gemacht haben, wenn die Regierung immer glaubt, durch diesen Handel reicher geworden zu seyn; und, wenn auch alles das nicht wäre, wenn wirklich die Provinz in diesem Jahre für eine Million Thaler materielle Güter (Getreide, Holz, Wolle ꝛc.) gegen eine Million Thaler anderer materieller Güter (Gold, Silber und Geld) oder immaterieller Güter (Wechsel und Schuldscheine) vertauscht hat, so ist sie doch darum im Ganzen nicht um einen Thaler reicher geworden; sondern der eine Theil des Nazionalvermögens ist genau um so viel vermindert, als der andere vermehrt worden ist, und wird im folgenden Jahre oder später nach den Bedürfnissen der Provinz wieder vermehrt, und dadurch der andere Theil vermindert werden.

Alle diese Handelsbilanzen werden dem Statistiker und dem Staatswirthe nur dazu dienen, um die Konsumzion der Provinz, deren Werth und deren verschiedene Objekte zu erfahren; um zu erfahren, auf welche Bedürfnisse des Auslandes die Nazion vorzüglich ihr Einkommen wendet? welche Artikel am häufigsten aus- und welche am häufigsten eingeführt werden? ob es den Anschein hat, daß der Nazionalaufwand mehr auf Vermehrung des Nazionalvermögens, als auf Verzehrung des Nazionaleinkommens gerichtet ist? u. s. w.

Sie werden ihm niemals dazu dienen können, um aus diesen Zahlen, ohne Rücksicht auf die einzelnen Konsumzionsartikel zu nehmen, die Zunahme oder Abnahme des Nazionalvermögens zu erforschen, und die Erfahrung von vielen Staaten, die schon lange mit diesen Tabellen, welche wichtiger scheinen als sie sind, ihren Reichthum ausmessen und den deutlichsten Beobachtungen zuwider dokumentiren wollten, sollten uns doch wohl überzeugen, daß diese Berechnungen ganz falsch gebraucht worden sind.

Für die hier beschriebene Provinz ist die Aus- und Einfuhr an verschiedenen materiellen Gütern in den 5 letzten Jahren so berechnet worden, daß

im Jahre 1802	die Ausfuhr 5,326,820 Rthlr.,	die Einfuhr 5,012,817 Rthlr.	
— — 1803	— — 5,871,312	— — — 5,686,350	—
— — 1804	— — 6,115,784	— — — 5,704,816	—
— — 1805	— — 5,904,396	— — — 5,585,007	—
— — 1806	— — 5,871,240	— — — 5,676,289	—
in Summe	29,089,552 Rthlr.	27,665,279 Rthlr.	

betragen haben soll. Nach meiner Kenntniß der Akzise- und Zollverfassung kann die Differenz von 1,424,273 Rthlr., als der von dem Redakteur der Tabelle für die Provinz angegebene Gewinn, ganz vollständig auf den Unterschied des Preises gerechnet werden, der zwischen dem bei der Zollbehörde angenommenen oder angegebenen und dem wirklichen Preise der Waaren statt findet, und zwar aus folgenden zwei Gründen:

1) Es ist in der Regel dem Interesse des Kaufmannes gemäß, den Werth der ein-

geführten Waaren, von denen er Zoll und Akzise geben muß, so gering, als es ihm die Verfassung gestattet, anzugeben; dahingegen er bei den ausgeführten Waaren, von denen er keine Abgaben entrichtet, die dem Werthe derselben angemessen werden, niemals Vortheil, und bei den Gegenständen, die bei der Ausfuhr Bonifikazion erhalten, jedesmal Nachtheil haben würde, wenn er ihren Preis geringer angeben wollte, als er wirklich ist.

2) Der Werth aller eingebrachten fremden Waaren wird nach der dem Käufer überschickten Rechnung, und eben so der Werth der ausgeführten Waaren nach der von dem Absender übergebenen Rechnung von den Behörden angenommen, und dadurch entgeht der kontrollirenden Behörde für den Werth der eingeführten Waaren ein beträchtlicher Antheil an Fracht-, Assekuranz-, Spedizions- und andern Kosten, der in den ausgeführten Waaren nicht mit begriffen ist. Wenn ein Kaufmann für 20,000 Rthlr. fremden Zucker erhält, so ist unter dieser Summe der Preis verstanden, den der Zucker am Absendungsorte hatte, und den die Faktura nachweiset; für den hiesigen Käufer, und also für die Nazion, hat aber derselbe vielleicht einen Werth von 21,000 und mehr Thalern, da die hinzukommenden Kosten gewiß 5 Prozent betragen. Wenn daher der angegebene Werth der ausgegangenen Waaren (welcher ebenfalls der Werth am Absendungsorte ist) in einem Jahre genau dem angegebenen Werthe der eingegangenen gleich stände, so würde mit Recht anzunehmen seyn, daß die Nazion einige Prozente der ganzen Summe durch Wechsel oder Geld bezahlt habe, oder andern Nazionen schuldig geblieben sey.

Aus diesen Gründen glaube ich mit Recht annehmen zu können, daß die Aus- und Einfuhr der Provinz in Hinsicht auf den Werth der Waaren sich in einem Zeitraume von einigen Jahren immer gleich ist.

III.

Preise der Lebensbedürfnisse in den 12 größten Städten der Provinz.

Benennung der Bedürfnisse.	In der Stadt A. *)			In der Stadt B. *)			In der Stadt C. *)		
	Rthl.	Gr.	Pf.	Rthl.	Gr.	Pf.	Rthl.	Gr.	Pf.
A. Wohnungen.									
1. Ein meublirtes herrschaftliches Quartier mit Stallung für einen Minister, Gesandten, General ꝛc. .									
2. Ein solches Quartier ohne Meubles; jährliche Miethe									
3. Ein Quartier von 6 bis 8 Zimmern, ohne Meubles .									
4. Ein dergleichen von 3 bis 4 Zimmern									
5. Eine Stube und Kammer für eine einzelne Person, meublirt									
6. Ein dergleichen, unmeublirt									
B. Feuerung.									
1. Brennholz:									
a) hartes; eine Klafter von 108 Kubikfuß . .									
b) weiches; — — — — — . .									
c) Fuhrlohn für eine Klafter									
d) Lohn für Kleinmachen derselben . . .									
2. Torf, eine Quantität von 100 Kubikfuß mit allen Nebenkosten									
3. Kohlen:									
a) Holzkohlen, ein Berliner Scheffel . . .									
b) Steinkohlen, — — — . . .									
c) Braunkohlen — — — . . .									
C. Beleuchtung.									
1. Lichte:									
a) Wachslichte, ein Berliner Pfund . . .									
b) Talglichte									

*) Die Ausfüllung dieser Kolonnen hat für den Leser kein Interesse. Bei allen Artikeln wird übrigens von den Behörden die Angabe so gefordert, daß der niedrigste und der höchste (aber dennoch immer Durchschnitts-) Preis angesetzt werden muß; weswegen bei einem jeden Artikel die der Weitläuftigkeit wegen hier ausgelassenen Worte: **von** und **bis**, zugesetzt sind.

Benennung der Bedürfnisse.	In der Stadt A.			In der Stadt B.			In der Stadt C.		
	Rthl.	Gr.	Pf.	Rthl.	Gr.	Pf.	Rthl.	Gr.	Pf.
2. Brennöhl									
3. Jährliche Unterhaltung einer Laterne vor dem herrschaftlichen Hause									
D. Küche.									
1. Brod:									
a) Roggenbrod, ein Berliner Pfund . . .									
b) Weizenbrod, — — — . . .									
c) Semmel und Semmelbrod, ein Berliner Pfund .									
2. Salz, ein Berliner Pfund									
3. Weizenmehl, ein Berliner Scheffel . . .									
4. Fleisch (Scharren-):									
a) Rindfleisch, ein Berliner Pfund . . .									
b) Schweinefleisch, — — — . . .									
c) Kalbfleisch, — — — . . .									
d) Hammelfleisch, — — — . . .									
e) Schinken, — — — . . .									
f) Speck, — — — . . .									
g) ein Spanferkel									
5. Milch, ein Berliner Quart									
6. Sahne (Rohm, Smant), ein Berliner Quart .									
7. Butter:									
a) Tischbutter, ein Berliner Pfund . . .									
b) Kochbutter, — — — . . .									
8. Schmalz:									
a) Schweineschmalz, ein Berliner Pfund . .									
b) Gänseschmalz, — — — . .									
9. Talg:									
a) Rindstalg, ein Berliner Pfund . . .									
b) Hammeltalg, — — — . . .									
10. Käse:									
a) Englischer, ein Berliner Pfund . . .									
b) Limburger, — — — . . .									
c) Parmesan-, — — — . . .									
d) Schweizer-, — — — . . .									
e) gemeiner Landkäse, ein Berliner Pfund . .									

Benennung der Bedürfnisse.	In der Stadt A. Rthl.	Gr.	Pf.	In der Stadt B. Rthl.	Gr.	Pf.	In der Stadt C. Rthl.	Gr.	Pf.
11. Zahmes Geflügel:									
a) ein Huhn									
b) ein Kapaun									
c) ein Kalekute									
d) eine Gans									
e) eine Ente									
f) ein Paar Tauben									
12. Eier, ein Schock (60 Stück)									
13. Fische (frische):									
a) Lachs, ein Berliner Pfund									
b) Aal, — — —									
c) Karpfen, — — —									
d) Hecht, — — —									
e) Zander, — — —									
f) Forellen, — — —									
g) andere gebräuchliche Fische, ein Berliner Pfund									
14. Krebse, ein Schock									
15. Gemüse und Hülsenfrüchte:									
a) Kartoffeln, ein Berliner Scheffel									
b) Erbsen — — —									
c) Linsen — — —									
d) Bohnen — — —									
16. Obst.									
a) Aepfel:									
a) Borstorfer, ein Berliner Scheffel . .									
b) Stettiner oder Rostocker, ein Berliner Scheffel									
c) gemeine Aepfel, — — —									
b) Birnen:									
a) feine Sorten, ein Berliner Scheffel . .									
b) gemeine — — — — . .									
c) Pflaumen, — — — . .									
d) Kirschen:									
a) feine Sorten, — — — . .									
b) gemeine — — — — . .									
17. Wildpret.									
a) vierfüßiges:									
a) ein ganzer Hirsch									

Benennung der Bedürfnisse.	In der Stadt A.			In der Stadt B.			In der Stadt C.		
	Rthl.	Gr.	Pf.	Rthl.	Gr.	Pf.	Rthl.	Gr.	Pf.
b) ein Hirschzimmer									
c) eine Hirschkeule									
d) ein ganzes Reh									
e) ein Rehzimmer									
f) eine Rehkeule									
g) ein Hase									
h) ein wildes Schwein									
i) ein Kaninchen									
b) Federwildpret:									
a) ein Fasan									
b) ein Hasel= oder Birkhuhn									
c) eine Schnepfe									
d) ein Rebhuhn									
e) eine wilde Ente									
f) ein Krammetsvogel									
g) ein Schock Lerchen									
18. Material= und Italiener=Waaren.									
a) Kaffee:									
a) Levantischer, ein Berliner Pfund									
b) Martiniker, — — —									
c) ordinairer gebrannter:									
aa) ein Berliner Pfund									
bb) — — Loth									
b) Zucker:									
a) feiner, ein Berliner Pfund									
b) Küchenzucker, — — —									
c) Kandis, — — —									
d) Syrup, — — —									
c) Thee, — — —									
d) Chokolade, — — —									
e) Reis:									
a) ein Berliner Zentner									
b) — — Pfund									
f) Graupen, ein Berliner Pfund									
g) Gewürz:									
a) Muskatnüsse, ein Berliner Pfund									
b) Muskatblumen, — — —									

Benennung der Bedürfnisse.	In der Stadt A.			In der Stadt B.			In der Stadt C.		
	Rthl.	Gr.	Pf.	Rthl.	Gr.	Pf.	Rthl.	Gr.	Pf.
c) Gewürznelken, ein Berliner Pfund . .									
d) Zimmt, — — — . .									
e) Pfeffer:									
aa) weißer, ein Berliner Pfund . .									
bb) schwarzer, — — — . .									
f) Ingwer, ein Berliner Pfund . . .									
h) Oehl:									
a) Provenzeröhl, ein Berliner Pfund . .									
b) gutes Baumöhl, — — — . .									
i) Essig:									
a) Weinessig, ein Berliner Quart . . .									
b) Frucht- und Bieressig, ein Berliner Quart .									
k) Senf (zubereiteter), ein Berliner Quart . .									
l) Zitronen, das Stück									
m) Apfelsinen, — —									
n) Braunschweiger Wurst, ein Berliner Pfund .									
o) Spickgänse, — — — .									
p) Austern, das Hundert									
q) Kabljau, ein Berliner Pfund . . .									
r) Stockfisch, — — — . . .									
s) Schollen, — — — . . .									
t) Dorsch, — — — . . .									
u) Hering, das Stück									
v) Lachs (geräucherter), ein Berliner Pfund .									
x) Neunaugen, das Stück									
y) Bückling, — —									
z) Schellfisch, ein Berliner Pfund . . .									
aa) Sardellen, — — — . . .									
bb) Steinbutten, das Stück									
cc) Muscheln, das Hundert									
dd) Kastanien, ein Berliner Pfund . . .									
ee) Hummer, das Stück									
ff) Kapern, ein Berliner Pfund . . .									
gg) Makaroni, — — — . . .									
hh) Oliven, — — — . . .									
ii) Trüffeln, — — — . . .									
kk) Rindszunge (geräucherte), ein Berliner Pfund .									

Benennung der Bedürfnisse.	In der Stadt A.			In der Stadt B.			In der Stadt C.		
	Rthl.	Gr.	Pf.	Rthl.	Gr.	Pf.	Rthl.	Gr.	Pf.
ll) Rosinen, ein Berliner Pfund . . .									
mm) Korinthen, — — — . . .									
nn) Mandeln, — — — . . .									
oo) Kaviar, — — — . . .									
19. Küchengeschirr.									
a) Fajance:									
a) Suppenteller, ein Dutzend									
b) flache Teller, — —									
b) Steingut:									
a) Suppenteller, — —									
b) flache Teller, — —									
c) Porzellan:									
a) Suppenteller, — —									
b) flache Teller, — —									
d) Kupfer (zu Geschirr verarbeitet):									
a) verzinntes, ein Berliner Pfund . . .									
b) unverzinntes, — — — . . .									
e) Zinn (verarbeitetes), ein Berliner Pfund . .									
E. Keller.									
1. Bier:									
a) inländisches, ein Berliner Quart . . .									
b) ausländisches:									
a) Englische Oehle, die Flasche . .									
b) Porter — — . .									
c) Braunschweiger Mumme, — — . .									
2. Wein:									
a) Burgunder, ein Berliner Quart . . .									
b) Champagner, — — — . . .									
c) Französ. rothe u. weiße Tischweine, ein Berl. Quart .									
d) Spanischer Wein, ein Berliner Quart . .									
e) Ungarwein, — — — . .									
f) Rheinwein:									
a) alter, — — — . .									
b) ordinairer, — — — . .									
g) Frankenwein, — — — . .									
h) einheimischer Landwein, ein Berliner Quart .									

3. Brannt=

Benennung der Bedürfnisse.	In der Stadt A.			In der Stadt B.			In der Stadt C.		
	Rthl.	Gr.	Pf.	Rthl.	Gr.	Pf.	Rthl.	Gr.	Pf.
3. Branntwein:									
a) Arrak, ein Berliner Quart									
b) Rum, — — —									
c) Franzbranntwein oder Koignac, ein Berliner Quart									
d) feine Liqueure, ein Berliner Quart . .									
e) ordinairer destillirter Branntwein, ein Berliner Quart									
f) gemeiner Kornbranntwein, ein Berliner Quart .									
4. Mineralwasser:									
a) Selterwasser, ein Berliner Quart . . .									
b) andere mineralische Wasser, das Berliner Quart .									
F. Garderobe.									
1. Tuch:									
a) extra feines Tuch, die Berliner Elle . .									
b) Mittel-Tuch, — — — . .									
c) grobes Tuch, — — — . .									
2. Atlas, — — — . .									
3. Taft — — — . .									
4. Leinwand:									
a) feine, — — — . .									
b) ordinaire, — — — . .									
5. Schneiderarbeit:									
a) für ein komplettes Kleid									
b) für einen Frack									
c) für einen Ueberrock									
d) für eine Weste									
e) für ein Kamisol									
f) für ein Paar Beinkleider									
6. Schuhmacherarbeit.									
a) ein Paar Stiefeln:									
a) neu									
b) zu besohlen									
b) ein Paar Schuhe:									
a) neu									
b) zu besohlen									
7. Huthmacherarbeit:									
a) ein runder Huth									

Benennung der Bedürfnisse.	In der Stadt A. Rthl.	Gr.	Pf.	In der Stadt B. Rthl.	Gr.	Pf.	In der Stadt C. Rthl.	Gr.	Pf.
b) ein aufgekrempter Huth									
c) ein ordinairer Livreehuth ohne Tresse und Kokarde .									
8. Strumpfwirkerei:									
a) ein Paar seidene Mannsstrümpfe . . .									
b) — — — Frauensstrümpfe . . .									
c) — — — Mannshandschuhe . .									
d) — — — Frauenshandschuhe . .									
e) ein Paar halbseidene Strümpfe . . .									
f) — — — Mannshandschuhe . .									
g) — — — Frauenshandschuhe . .									
h) ein Paar baumwollene Strümpfe . . .									
9. Waschpreise:									
a) für ein Oberhemde									
b) — — Unterhemde									
c) — — Vorhemde									
d) — eine Weste									
e) — ein Halstuch									
f) — — Paar seidene Strümpfe . . .									
g) — — — baumwollene Strümpfe . .									
h) — — Schnupftuch									
i) — einen Bettüberzug									
G. Equipage.									
1. Eine Kutsche mit zwei Geschirren									
2. Jährliche Unterhaltung zweier Kutschpferde ohne Kutscher									
3. — — eines Reitpferdes mit den Kosten zu dessen Wartung									
4. Stroh, ein Schock, oder 60 Bund									
5. Heu, ein Berliner Zentner									
6. Lohnfuhren:									
a) in der Stadt									
b) auf Reisen; für eine Person 2 Pferde, die Meile .									
H. Monathlicher Dienstlohn, bei freier Kost oder Kostgeld.									
1. Ein Haushofmeister									
2. — Kammerdiener									

Benennung der Bedürfnisse.	In der Stadt A. Rthl.	Gr.	Pf.	In der Stadt B. Rthl.	Gr.	Pf.	In der Stadt C. Rthl.	Gr.	Pf.
3. Ein Koch									
4. — Bedienter									
5. — Pförtner									
6. — Hausknecht									
7. — Kutscher									
8. — Kammermädchen									
9. Eine Köchin									
10. Ein Haus- oder Küchenmädchen									
I. Schreibmaterialien.									
1. Papier:									
a) Briefpapier, ein Buch oder 24 Bogen									
b) gutes Schreibpapier, ein Buch oder 24 Bogen									
c) Konzeptpapier — — — — —									
2. Tinte:									
a) schwarze, ein Berliner Quart									
b) kouleurte, — — —									
3. Schreibfedern, 100 Stück									
4. Siegeloblaten, ein Berliner Pfund									
5. Siegellack, — — —									
K. Oeffentliche Lustbarkeiten:									
1. Komödie, ein Platz									
2. Konzert, — —									
3. Jährlicher Beitrag zum Kasino, Klubb, zur Ressource ꝛc.									
4. Preise in den Gasthäusern:									
a) Eine Porzion Thee									
b) — — Kaffee									
c) — — Chokolate									
d) für ein Nachtquartier									
L. Unterricht:									
1. In einem Gymnasium vierteljährig									
2. — einer Knabenschule — —									
3. — — Mädchenschule — —									
4. Einem Musiklehrer, für eine Stunde									
5. — Zeichenlehrer, — — —									

Benennung der Bedürfnisse.	In der Stadt A.			In der Stadt B.			In der Stadt C.		
	Rthl.	Gr.	Pf.	Rthl.	Gr.	Pf.	Rthl.	Gr.	Pf.
6. Einem Tanzmeister, für eine Stunde									
7. Ein Hauslehrer oder Hofmeister jährlich									
8. Eine Gouvernante jährlich									
M. Andere Bedürfnisse.									
1. Journale und Zeitungen:									
a) inländische, der Jahrgang									
b) ausländische, — —									
2. dem Briefträger für jeden Gang									
3. Botenlohn, für eine Meile									
4. dem Friseur, für tägliche Aufwartung:									
a) für einen Herrn vierteljährig									
b) — eine Dame — —									
5. dem Barbier für tägliche Aufwartung vierteljährig									
6. Puder, ein Berliner Pfund									
7. Seife:									
a) weiße, ein Berliner Pfund									
b) grüne oder schwarze ein Berliner Pfund									
8. Stärke, ein Berliner Pfund									
9. Baumaterialien:									
a) gebrannte Mauersteine, das 1000									
b) — Dachziegel, — —									
c) Luftsteine, das 1000									
d) gebrannte Kalksteine, ein Berliner Scheffel									
e) Bruchsteine, eine Rheinländische Quadratruthe									
f) Eisen:									
α) gegossenes, ein Berliner Zentner									
β) geschmiedetes, — — —									
g) Blei, — — —									
10. Salpeter:									
a) geläuterter, ein Berliner Pfund									
b) ungeläuterter, — — —									
11. Schwefel, — — —									

IV.

Probe einer Verhältnißberechnung der Preise der vorzüglichsten Lebensbedürfnisse nach 100 Pfund Roggen.

Nach den Berliner Preisen im August 1806, da der Scheffel Roggen 3 Rthlr. galt.

Hundert Pfund Roggen standen im Werthe gleich mit:

$81\frac{1}{4}$	Pfund	Weizen.
135	—	Gerste.
125	—	Hafer.
293	—	Hopfen.
3557	—	Büchenholz.
3567	—	Kiehnenholz.
506	—	Holzkohlen.
$4\frac{1}{11}$	—	Wachslichten.
$13\frac{4}{13}$	—	Talglichten.
18	—	Brennöhl.
120	—	Salz.
26	—	Rindfleisch.
$22\frac{1}{2}$	—	Schweinefleisch.
30	—	Kalbfleisch.
26	—	Hammelfleisch.
12	—	Schinken.
9	—	Tischbutter.
26	—	Karpfen und Hechte.
5	—	Kaffee.
$7\frac{1}{2}$	—	Zucker.
27	—	Reis.
15	—	Ingwer.
$11\frac{1}{4}$	—	gutes Baumöhl.
$5\frac{5}{8}$	—	Braunschweiger Wurst.
$12\frac{6}{7}$	—	Kastanien.
330	—	Heu.
51	Quart	reine Milch.
9		Hühner.
$6\frac{1}{2}$		Ente.
12	Paar	Tauben.

Hundert Pfund Roggen standen im Werthe gleich mit:

3¼ Scheffel Kartoffeln.
45 Stück guten Zitronen.
45 — — Heringen.
90 Quart gutem Bier.
20 Bund Stroh.

V.

Darstellung sämmtlicher hypothekarischen Schulden, die auf ländlichen und auf städtischen Grundstücken haften.

Namen der Hypothekenbehörden.	Hypothekenschulden, die auf ländlichen Grundstücken haften.	Hypothekenschulden, die auf Gebäuden und andern nutzbaren Immobilien haften.
	Rthlr.	Rthlr.
1. Im Hypothekenbezirke des Landesjustizkollegiums A.	28,219,731	837,610
2. — — — — — — B.	29,107,876	621,519
3. — — — der städtischen Hypothekenbehörden .	1,824,310	55,212,100
4. — — — — Domainen-Hypothekenbehörden .	21,516,060	6,308,360
5. — — — — Patrimonial-Hypothekenbehörden .	18,371,425	7,254,953
Summe .	99,039,402	70,234,542

Der Kapitalwerth alles nutzbaren Grundes und Bodens der Provinz ist . . . . 242,799 340 Rthlr.
Auf diesen Grundstücken haften an Hypothekenschulden . . 99,039,402 —
Der den Besitzern der Grundstücke wirklich übrig bleibende Werth ist also . . . . 143,759,938 Rthlr.

Der Kapitalwerth aller Gebäude und nutzbaren Immobilien in der Provinz ist . . . . 145,591,600 Rthlr.
Auf diesen Gegenständen haften an Hypothekenschulden . . 70,234,542 —
Der den Besitzern wirklich übrig bleibende Werth ist also . . 75,357,058 Rthlr.

Der Zinsfuß, nach welchem sämmtliche in den Hypothekenbüchern eingetragene Schulden den Kreditoren verinteressirt werden müssen, ist folgender:

Es standen Kapitale versichert:				Jährliche Zinsen:		
	Rthlr.			Rthlr.	Gr.	Pf.
zu 6 Prozent	82,500	.	.	4,950	—	—
— $5\frac{1}{2}$ —	35,000	.	.	1,925	—	—
— 5 —	4,236,800	.	.	211,840	—	—
— $4\frac{1}{2}$ —	29,817,200	.	.	1,341,774	—	—
— $4\frac{1}{4}$ —	19,872,400	.	.	844,577	—	—
— 4 —	97,221,214	.	.	3,888,848	13	5
— $3\frac{1}{2}$ —	15,227,360	.	.	532,957	14	5
— 3 —	2,781,470	.	.	83,444	2	4
Summe	169,273,944	.	.	6,910,316	6	2

Unter der angegebenen Summe aller hypothekarischen Schulden sind auch die Schulden der zu einem Kreditsystem verbundenen adlichen Güter begriffen.

Zu diesem Kreditsystem gehörten im Jahre 1806 1121 adliche Güter.

Die landschaftliche Taxe derselben ist . . . . . 43,828,000 Rthlr.

Die Landschaft giebt auf diese Güter Pfandbriefe bis zu $\frac{2}{3}$tel des taxirten Werths, welche der Schuldner mit $4\frac{1}{2}$ Prozent an die Landschaft verzinsen muß; hiervon erhalten die Gläubiger (Besitzer der Pfandbriefe) 4 Prozent, und $\frac{1}{2}$ Prozent wird zur Erhaltung der Anstalt verwendet und zum Theil zur Sammlung eines Bestandes zurückgelegt.

Die Summe der jetzt auf der oben angegebenen Anzahl Güter in Pfandbriefen haftenden Schulden ist . . . . . 19,802,600 Rthlr.

Nach den Grundsätzen des Systems kann sie aber erhöhet werden bis auf . . . . 29,218,600 Rthlr.

VI.

Zustand der gerichtlichen Depositenkassen am 31sten Dezember 1805.

A.

Zivil-Depositenkassen.

1.

Namen der Justizbehörden.	An baarem Gelde betrug im letztvergangenen Jahre die Einnahme. Rthlr.	Gr.	Pf.	An baarem Gelde betrug im letztvergangenen Jahre die Ausgabe. Rthlr.	Gr.	Pf.	An Aktivis betrug im letztvergangenen Jahre die Einnahme. Rthlr.	Gr.	An Aktivis betrug im letztvergangenen Jahre die Ausgabe. Rthlr.	Gr.	Der Bestand war am letzten Dezember 1805, mit den Resten aus vorigem Jahre an baarem Gelde. Rthlr.	Gr.	Pf.	Der Bestand war am letzten Dezember 1805, mit den Resten aus vorigem Jahre an Aktivis. Rthlr.
Justizkollegium A . .	127871	2	6	124216	8	—	1827365	—	916290	—	5316	9	—	2927326
— — B . .	153232	8	5	149807	2	5	1914653	12	1423876	12	6871	7	3	1714514
Untergerichte.														
a) Von der ersten Klasse:														
2 Stadtgerichte . . .	62719	4	—	61372	4	—	321260	—	227351	—	3986	8	—	521010
1 Landgericht . . .	31620	—	—	28781	—	—	98355	16	61217	16	5372	5	—	62870
b) Von der zweiten Klasse:														
63 städtische Jurisdikzionen	476892	6	—	476217	—	—	2375122	—	1975307	—	3562	8	9	2827690
129 königliche — —	260385	8	1	252377	9	—	1634517	—	995268	—	11817	3	6	2014376
389 andere — —	639717	4	—	598218	4	—	2924226	—	2014326	—	56122	9	—	3127550
Summe	1752437	9	—	1690989	3	5	11095499	4	7613636	4	93048	2	6	13195336

Zivil-

Zivil-Depositenkassen.

2.

Namen der Justizbehörden.	Sämmtliche Aktiva waren ausgethan					
	bei der Bank		auf Pfandbriefe, sämmtlich zu 4 Prozent.	bei Privatpersonen		
	zu 2 Prozent.	zu 2½ Prozent.		zu 5 Prozent.	zu 4½ Prozent.	zu 4 Prozent.
	Rthlr.	Rthlr.	Rthlr.	Rthlr.	Rthlr.	Rthlr.
Justizkollegium A . .	11900	5300	697800	23150	176350	2012826
— — B . .	17650	8200	584600	25300	153570	925194
Untergerichte.						
a) Von der ersten Klasse;						
2 Stadtgerichte . . .	5360	3600	62500	8120	56760	384670
1 Landgericht . . .	—	—	38700	—	—	24170
b) Von der zweiten Klasse:						
63 städtische Jurisdikzionen	78980	21600	862300	36220	278850	1549740
129 königliche — —	165370	9550	895250	8200	68300	867706
389 andere — —	378500	25800	1756000	12780	191370	763100
Summe .	657760	74050	4897150	113770	925200	6527406

B

Pupillen = Depositenkassen.

2

Namen der Pupillenbehörden.	An baarem Gelde betrug im letztvergangenen Jahre						An Aktivis betrug im letzt-vergangenen Jahre				Der Bestand war am letzten Dezember 1805, mit den Resten aus vorigen Jahren			
	die Einnahme.			die Ausgabe.			die Einnahme.		die Ausgabe.		an baarem Gelde.			an Aktivis.
	Rthlr.	Gr.	Pf.	Rthlr.	Gr.	Pf.	Rthlr.	Gr.	Rthlr.	Gr.	Rthlr.	Gr.	Pf.	Rthlr.
Justizkollegium A . .	238372	9	—	239568	7	—	2698339	—	2212764	—	1452	8	—	3576580
— — B . .	252108	—	—	250371	—	—	2751208	—	1907870	—	3872	10	6	2613875
Unterbehörden.														
a) Von der ersten Klasse:														
2 städtische Behörden .	125371	16	—	124850	5	6	656260	—	521116	—	2915	8	—	691217
1 Landgericht . . .	59880	5	3	58781	2	—	137866	—	98738	—	2314	7	5	82310
b) Von der zweiten Klasse:														
63 städtische Behörden .	783072	6	6	781516	8	—	3254258	—	2726542	—	8531	6	—	4127160
129 königliche — .	379519	5	—	378284	3	—	2771008	—	1831650	—	10278	—	4	3511316
389 andere — .	1528276	15	—	1521382	13	8	4129164	—	2545300	—	64891	7	—	4739258
Summe .	3366600	8	9	3354753	15	2	16398103	—	11843980	—	94254	23	3	19341716

Pupillen = Depositenkassen.

2.

Namen der Pupillenbehörden.	Sämmtliche Aktiva waren ausgethan					
	bei der Bank		auf Pfandbriefe, sämmtlich zu 4 Prozent.	bei Privatpersonen		
	zu 2 Prozent.	zu 2½ Prozent.		zu 5 Prozent.	zu 4½ Prozent.	zu 4 Prozent.
	Rthlr.	Rthlr.	Rthlr.	Rthlr.	Rthlr.	Rthlr.
Justizkollegium A . .	5200	1380400	1170550	26730	58260	935440
— — B . .	2800	621000	872300	18315	62460	1037000
Unterbehörden.						
a) Von der ersten Klasse:						
2 städtische Behörden .	—	325800	68250	7800	8500	280867
1 Landgericht . . .	—	16500	30600	2610	1600	31000
b) Von der zweiten Klasse:						
63 städtische Behörden .	8200	1576300	1228000	31570	78380	1204710
129 königliche — .	7500	1060000	889500	8416	25500	1520400
389 andere — .	3250	2170000	1228800	9278	82600	1245330
Summe .	26950	7150000	5488000	104719	317300	6254747

FSC
www.fsc.org
MIX
Papier | Fördert gute Waldnutzung
FSC® C083411

Kolibri 360 GmbH
Ferdinand-Jühlke-Straße 7
99095 Erfurt, Deutschland
produktsicherheit@kolibri360.de